凤羽镇

中国名镇·云南

中国历史文化名城·名镇·名村全书

中国文学艺术基金会资助项目

中国民间文艺家协会 组织编写

◎总主编 罗杨 撰稿人 赵寅松

国文化遗产的丰富性存留在古村落里，中国非物质文化遗产的精华闪烁在古村落里，中国文化的多样性散落在古村落里，中国民间文化的独特魅力汇聚在古村落里，

中华文化的根脉深深扎在古村落里。中国文化遗产的丰富性存留在古村落里，中国非物质文化遗产的精华闪烁在古村落里，

中国文化的多样性散落在古村落里，中国民间文化的独特魅力汇聚在古村落

知识产权出版社

全国百佳图书出版单位

《中国历史文化名城·名镇·名村全书》
总编委会

“竹篱茅屋趁溪斜，春入山村处处花。”苏东坡描写出的是一幅多么富于诗情画意的美好景致。青山翠竹、粉墙黛瓦，牧笛山歌、蛙声蝉鸣。我们的祖先曾经就是如此诗意栖居，神话般生活。这种农耕文明的恬美情境至今保留在山清水秀，文化灿烂的历史名村名镇，是祖先遗馈给我们的一笔丰厚精神遗产，也是中华民族优秀传统文化得以流传的血脉并给我们留下美好记忆的精神家园。在经济高速发展、城市化进程汹涌而来的今天，守护和保护好每一处名村名镇就意味着守护好我们的精神家园，这是民族赋予民间文艺工作者的历史责任。

人类文明的进化不能没有积累和继承，历史的车轮可以碾过如梭的岁月，但不应拆毁我们心灵回归故里之路。作为我们精神故里的每个古村落是一个自然的社会单元，也是物质与文化的综合体，是民族民间文化的重要载体，是不可再生的文化资源，是民族文化复兴的重要源泉。古村落是中国传统“天人合一”的人生观和自然观产生的居住方式，具有深厚的历史积淀和文化底蕴，是祖先长期适应自然、利用自然的见证。它如同一部历史教科书，记录和镌刻着我们民族的文化基因和历史记忆；如同一条历史长河，至今滋养着中华儿女的心田。古村落不仅仅是一个地点和空间，而且保存着年轮的印痕和光阴的故事，它曾以五千年文脉涵养了一个泱泱中华。梁漱溟曾经说过：中国新文化的嫩芽绝不会凭空萌生，它离不开那些虽已衰老却还蕴含生机的老根——乡村。

完整的古村落不仅包括民宅建筑、桥梁、庙宇、祠堂、古树、亭台楼阁、古戏台、碑廊等丰富的物质文化遗产，同时还应包括与之密切关联的各种民俗、生产生活、婚丧嫁娶、民间信仰崇拜以及民间神话、民间故事、民间谚语和歌谣等口头的、无形的和民间艺术、民间戏剧、民间音乐、民间舞蹈、民间工艺制作等非物质文化遗产。理解古村落就可以理解中国文化的民族密码和历史细节，读懂古村落就可以读懂民间文化的百科全书。中国文化遗产的丰富性留存在古村落里，中国非物质文化遗产的精华闪烁在古村落里，中国文化的多样性散落在古村落里，中国民间文化的独特魅力汇聚在古村落里，中华文化的根脉深深扎在古村落里。冯骥才先生曾说：中国最大的物质遗产是万里长城，最大的非物质文化遗产是春节，最大的物质和非物质文化遗产就是古村落。

在历史面前我们应该是虔诚的，在文化面前我们应该是卑躬的，在故土面前我们应该是敬重的。人类在社会发展的进程中曾经付出过惨痛的代价，历史的经验告诉我们，很多美好的东西只有当失去时才发现它的宝贵。在城市化的过程中，我们曾经失去了很多充满温馨、充满诗意的村庄，是鳞次栉比的水泥森林再次唤醒了人们对古村落的重新认识。田园牧歌式的居住不仅是古人的生活理想，更是当代人的精神诉求，我们在渴望享受现代城市文明的同时，也渴望留住那些曾经养育了我们祖辈温暖了我们心灵的原生态、多样性的古村落。

保护与开发永远是一对矛盾，是把古村落作为文化基因完整地加以保护，还是作为生财之道尽快地开发赚钱，这是摆在我们面前亟待解决的重要课题。古村落是一个完整的生命体，有自己的外形和内核，有自己的精神和灵魂。保护古村落，绝不能被动地对抗岁月的磨蚀，而是更加注重对古村落人文生命的挖掘与扬弃。因此，对古村落的保护、建设和开发一定要按规律办事，切忌在开发和建设中造成不可补救的破坏，使历经浩劫而幸存的古村落在不当开发中消亡。各级政府在古村落保护过程中，应本着高度的文化自觉，以历史的情怀、超前的眼光、长远的规划和持之以恒的决心，注重其文化内涵的活态传承，正确地面对历史与现实，正确地处理经济与文化，正确地看待遗产与利益，正确地评判政绩与公益，寻找出一个适合中国国情的古村落保护与发展的两全之策，逐步建立起科学有效的古村落传承保护机制，从而不断增强古村落的魅力和生命力，找回那种“倚杖柴门外，临风听暮蝉”的美好诗意。

有鉴于此，中国民间文艺家协会携手知识产权出版社在烟波浩渺的古村落中撷取出极具代表性的名村名镇，结集推出《中国民间文化遗产抢救工程——中国历史文化名城·名镇·名村全书》，力图用文字和图片把这些岌岌可危的古村落的精华如实完整地记录下来，让我们的读者和后人带着享受的心情，踏上回归精神故里寻古探幽的旅程，感受乡土的温暖与润泽，欣赏“茅舍槿篱溪曲”，“门外春波荡绿”的美好画卷，体味精神家园的馨香。

羅楊

序

凤河依旧，杨柳岸，映带满江风月。阡陌纵横，千幛里，绿水青山翠叠。洞号清源，山名鸟吊，妙境称双绝。樵歌渔唱，桃源深处名邑。青梅竹马童年，荷锄初学稼，蓑衣斗笠。苦读寒窗，尽五更，一鸣雄鸡激越。生性愚顽，求田问舍事，早羞言说。沉浮人海，冰心一片空阔。

这是十年前我年近古稀时写的一首词，题为《故乡情结》，调寄“念奴娇”。这里说的故乡，就是我生于斯、长于斯的家乡凤羽包大邑。词中写的都是凤羽景色，有凤羽河、清源洞、鸟吊山和四面环山、阡陌纵横的坝子，这就是被徐霞客誉为桃花源的凤羽。我在上大学之前的岁月，就是在这里度过的。这里的山山水水，这里的风俗民情，也包括这里乡亲们的悲欢离合，都给我留下难以磨灭的记忆。如今，离开家乡已有半个多世纪，但对故乡仍记忆犹新，思乡之情也与日俱增，这种感情已成为一种挥之不去的灵魂深处的情绪。我正是怀着这样的心情来读赵寅松君的近作《中国名镇·云南凤羽镇》，因此，就有一种特殊的感受，我似乎又回到我的天真烂漫的童年时代，而青少年时代的生活也历历在目。所以对我来说，我首先把寅松的这本书看做是一本充满乡情的引人入胜的记叙散文。作者是凤羽义和村人，和我一样也充满乡情，他不是作为旁观者纯客观地去描述凤羽白乡的民俗风情，而是带着浓厚的主观色彩，对凤羽的历史和现状、风物和文化，作了充满感情的描述。由于作者对所描述的对象很熟悉，感受也深，故笔触所及俱真实而生动；又由于作者是带着感情去写，所以娓娓道来，字里行间都有一种艺术的感染力，而不是那种淡而寡味的数字记录和枯燥的议论。从这个意义上说，我们可以把这本书当做文学作品去读。但是，它毕竟不是纯文学作品，我们如果换一个角度去看，那么，它又是一部关于白族古镇的实录。其中，对古镇历史的探求，对造化赋予的山川景物之类的描绘，对悠久的文化积淀和文物古迹的阐释，对本地白族民俗民风的叙述，对特有的土特产的介绍，都精炼而翔实。这些都是作者在日常生活中耳闻目睹、亲身体验所获得的材料，其真实可靠性，足以供社会学家，人类学家作研究的依据。因此，我们又可以说这是一部具有社会学、人类学、民族学等多学科学术价值的著作。特别在云南省以及大理白族自治州正大力发展旅游业的今天，本书的出版对开发凤羽古镇的旅游业，无疑具有宣传、引导的作用，也为古镇旅游文化的整体规划以及如何保护、利用文化生态和自然生态，提供重要的依据。

在本书撰写之前，有关凤羽古镇的介绍文章，我也读过几篇，还有些古书对凤羽也有或多或少的记载，无疑这些都给寅松撰写本书提供了不少资料。但是，如此系统地而又有文学色彩地记叙凤羽全貌的著作，应该说这还是第一本书。它既有史志的真实性，又有文学的生动性和可读性，可以说它是用浓厚的乡情写出来的，而我也带着浓厚的乡情去读，所以好像是饥渴者饱食了一顿盛餐，感到十分的惬意和满足。凤羽的山川之秀、人文之盛、风物之美、民俗之淳，都那么具有诱惑力。我相信这千年古镇，必将带着南诏文明的光环，以及天造地设的自然风光，带着白族人民的淳朴笑脸，敞开胸怀，拥抱世界，拥抱未来。

张文勋

2012 年 1 月 1 日

目录

Contents

引言

从人类居住环境发展视角看，一部人类文明史，就是一部城镇、乡村的进化和演变史。中华大地上异彩纷呈的城镇、乡村，正是中华民族生息繁衍的摇篮，她们与祖国辽阔的山川、河流、草木一起，塑造了数千年绵延不绝的中华文化。在千千万万城镇、乡村里，那些历史文化名城、名镇、名村，尤其是我们灿烂悠久的中华文化的载体，无处不在刻画着我们民族的气质，映衬着我们民族的灵魂。但是，在当前国内大量以破坏文化遗产为代价的现代化、商业化开发行为和形形色色的工程建设中，很多历史文化名城、名镇、名村的原貌已荡然无存，即使遗留下来一少部分，也都面临文物建筑被损毁、文化遗迹被侵蚀、传统文脉被割断、文物原生态环境被瓦解的命运，许多珍贵的历史记忆一去而不能复返。伴随着城镇化的快速推进，许多年轻人成群结队地涌入城市，他们带走的不仅是人去村空，他们带走的还有在城市中缺乏生存环境的各民族文化。就像自然界的沙漠化、石漠化给自然生态带来灾难性的后果一样，文化荒漠化给人类文明带来的后果也将是灾难性的。

面对这种令人忧心的态势，尽快用文字、图片把祖先留给我们的这些随时可能灭绝的城镇、乡村的原貌与内涵记录下来，同时汇集各种保护名城名镇的研究成果结集出版，既资政当今，又传给后世，不仅是对历史的敬重，也是对今天的担当，更是对未来的承诺，是文化界、出版界义不容辞的历史责任。

为响应中国民间文艺家协会、知识产权出版社组织编纂出版的《中国民间文化遗产抢救工程——中国历史文化名城·名镇·名村全书》的善举，云南省大理白族自治州组织专家学者对本州境内中国历史文化名城、名镇、名村分别撰文介绍，这里奉献给广大读者的是《中国名镇·云南凤羽镇》。

公元2000年，云南省人民政府将凤羽命名为历史文化名镇，是当时

（左起）薄松年、冯骥才、赵寅松（作者）讨论云南凤羽甲马

全省七个历史文化名镇之一。2010年，凤羽又荣膺中国历史文化名镇。凤羽日渐为外界关注，人们期望更多地了解凤羽的奥秘。让我们沿着千年前马帮走过的足迹，去寻觅这座早在汉代就已置县的茶马古道上的重镇，一起解读凤羽的悠久历史，感悟凤羽的千年神韵，领略凤羽浓郁的民族风情，浏览凤羽诗画般的田园风光，品味凤羽别具特色的美味佳肴。

自然遗产、文化遗产都是先辈留下的不可再生的宝贵资源，后代子孙与我们拥有同等的权利，这就是代际公平。将这些遗产完整地留给下一代，是我们不可推卸的责任。实物、文字、图片、影像都是适应历史发展和时代进步、传承文化的有效手段。正因为如此，中国民间文艺家协会和知识产权出版社启动的这一工程是利在当代，泽被子孙的文化保护项目，随着时间的推移，会越来越体现出自身价值。

历史溯源

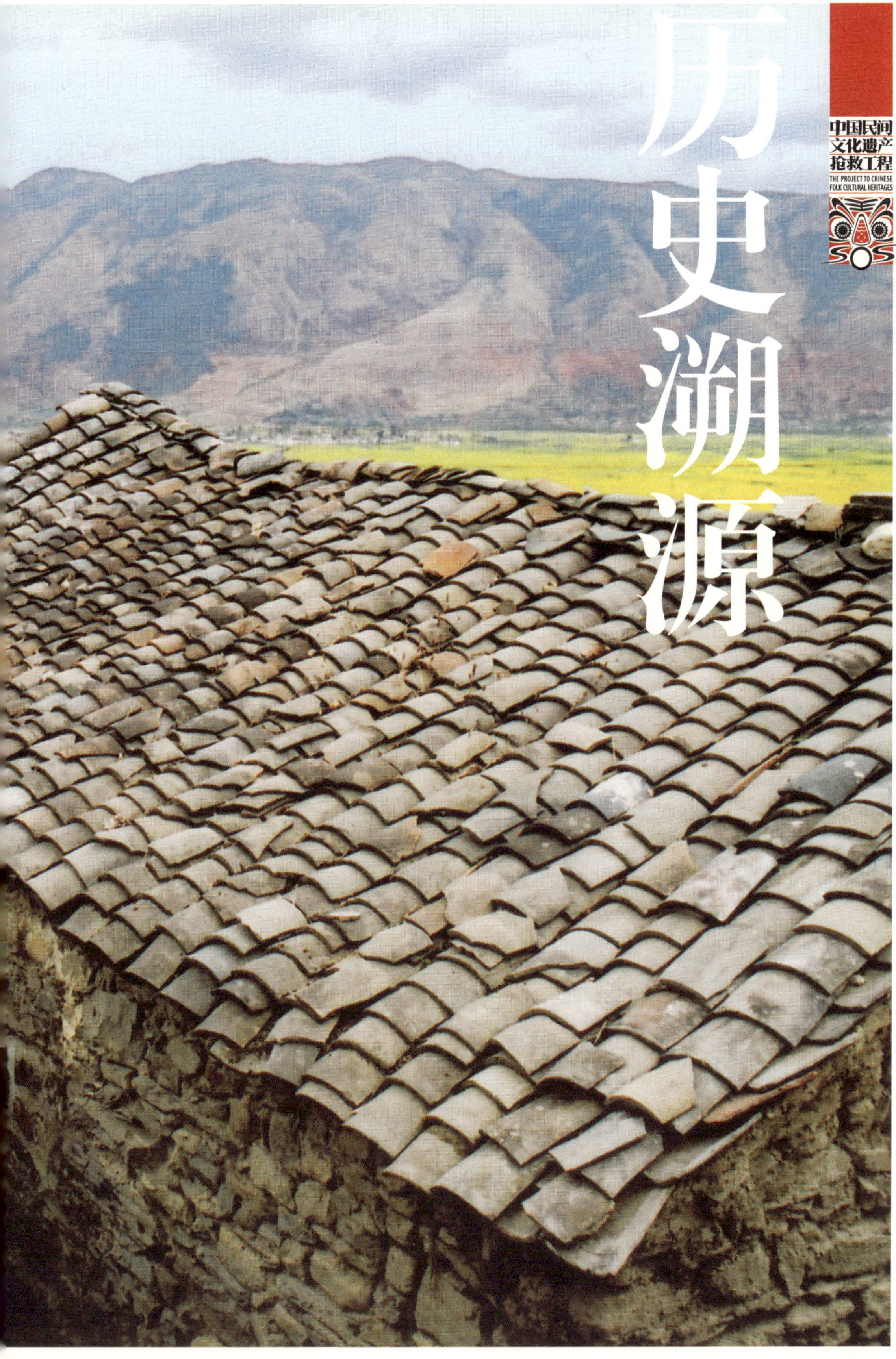

世外桃源

明崇祯十二年（1639），明代大旅行家徐霞客风尘仆仆来到云南凤羽，被凤羽厚重的历史文化、秀丽的自然景色所倾倒，在凤羽第十一世土司尹忠的盛情款待下，一住就是八天。他赞美凤羽："曲峡通幽入，灵皋夹水居，古之朱陈村，桃花源寥落已尽，而犹留此一奥，亦大奇事也。"

凤羽，位于高原明珠洱海的源头，苍山十九峰最北峰云弄峰北麓。东隔天马山与邓川相邻，南接大理市花甸坝和漾濞县脉地乡，西跨罗坪山与炼铁接壤，北距洱源县城 18 公里，距 214 国道和大丽高速公路 20 公里。离大理白族自治州首府所在地下关 90 公里，平均海拔 2200 米，面积 209 平方公里。

凤羽坝子四山环抱，周围林木葱茏，山清水秀。从大涧箐和水长箐、清源洞流出的长年清澈见底的溪流，由南向北流过凤羽坝，与西罗坪山由西向东流下的白石江、青

石江在凤河汇聚后，统称为凤羽河，注入茈碧湖。自然水资源为1.2亿立方米，是高原明珠洱海的主要源头。

居住在凤羽的白族人民，具有热爱自然，呵护敬畏自然的优良传统。人们喜欢植树种花，凤羽十八村的各村寨几乎村村都是绿树绕村旁，清泉过村流，院里兰桂飘香，园中桃李芬芳。四时有常青之树，八节有不谢之花。尤其是春天，四山杜鹃花灿烂，坝子里万亩油菜花竞放，秋来满坝稻谷飘香，冬至罗坪山青松斗雪傲霜，将凤羽点缀得如仙境一般。清代洱源县令李采赋诗赞美凤羽：

七里名乡绕翠微，桃源深处境依稀。
村庄薄暮牛羊下，陇亩逢秋禾荞肥。
凤去何年遗旧迹，鸟来此日吊余晖。
肩舆不是催科至，为看寒云渡岭飞。

2
3
1

1. 清源洞水潭
2~3. 张胜温画卷（局部）

1 1. 白族村落之一 2. 梨花开了
2

凤羽古宅

凤羽来历

凤羽之名源于何时，已不可考。据传凤羽古为泽国。唐朝时，随唐军到大理的四川人魏道玮在他的《三氏集》中写道：“浪穹天马山西麓有马耳湖。”浪穹是洱源的古代称谓，天马山在凤羽坝东面，又叫东山。马耳湖即凤羽湖。清代学者赵恒昌著有《凤羽湖记》，写的就是凤羽湖。至今凤羽坝周围村落仍留有许多“以库拘”（意为“船码头”），“以处盂”（意为“靠船处”），“果以处”（意为“过船处”），“撒网登”（意为“撒网的地方”）等与湖有关的地名。现在凤羽湖没有了，还流传着一个美丽的民间传说。

相传观音大士看到居住在凤羽四周山上的人民生活很苦，就化身为一个名叫“博巴”的艄公来到凤羽，帮助人们排泄凤羽湖水。凤羽龙王不服气，想搬山阻挡（此山尚存凤羽北端铁甲村和雪梨村中间），因鸡叫，南边鹤林山上现大黑天神，吓退龙王，龙王堵湖没有得逞。凤羽坝子开辟出来了，人们特别感谢大黑天神和观音大士，很多地方把他们作为本主供奉。

关于凤羽一名的来源，《南诏野史》记载，唐高宗显庆二年，“凤鸣于浪穹罗浮山，乃改名为凤羽山。”《僰古通记》载：“昔建兴时，有凤过此，遗一羽，故得名。”北魏郦道元的《水经注》说：“叶榆（今大理）西北有鸟吊山，世传凤凰死于此，每岁入秋，百鸟群集来朝。”历代学者也曾写诗记其事，如明代谪居大理的四川新都状元杨升庵有“曾闻凤羽乡，昔有凤来仪”。清代凤羽学者、诗人赵辉璧也在他的《古香书屋诗钞》中写道：“凤羽何鸣乡，丹凤遗羽毛，只今百鸟朝，文明中外睹……”

据近人研究，在历史上的白族先民曾在凤羽建立过凤羽国。但此说是否可靠，需要进一步考证。

凤羽知名较早，民国《浪穹县志》转引《徐霞客游记》

凤羽古镇村口

观音菩萨

写道："岗条数十支东下如凤之羽，故名凤羽。旧为凤羽县，今改为凤羽乡。旧县址曰舍上盘。其地四面皆山，绾谷成村，约径二十里，中皆良田，惟东北闷江哨为出水口。"《明史·地理志》说"洪武十五年三月，置凤羽县，属邓川州"，大概是不错的。

凤羽得天独厚，风景特别优美。明代大旅行家徐霞客在他的《徐霞客游记》"滇游日记八"中用了近三千字对凤羽的山川风物、民风民俗作了生动的描述。因书中记录的一些民俗与自然景观大都已消失，人们很难见到，故择要转录于后。书中写道：

己卯（崇祯十二年，公元 1639 年）三月初一日，……有水自西峡出，即凤羽之流也，其水颇大。南即天马山横夹之，与西山南入普陀崆。路循西山南尽处溯水而入，五里，北崖忽石峰壁立，耸首西顾，其内坞稍开，有村当耸首下坞中，是名山关。耸首之上，有神宇踞石巅，望之突兀甚，盖即县后山，自三台分支南下，此其西南尽处也。其内大脊稍西曲，南与天马夹成东西坞。循溪北崖间又三里余，西抵大脊之下，于是折而南，一里，渡涧，东循东山南行。一里，为闷江门哨，有守哨者在路旁。又南二里，有小山当峡而踞，扼水之吭，凤羽之水南来，铁甲场之涧西出，合而捣东崖下。路乃缘崖袭其上，二里，出扼吭之南，村居当坡东，若绾其口者。由是村南山坞大开，西为凤羽，东为启始后山，夹成南北大坞，其势甚开。三流贯其中，南自上驷（寺），北抵于此，约二十里，皆良田接塍，绾谷成村。曲峡通幽入，灵皋夹水居，古之朱陈村、桃花源，寥落已尽，而犹留此一奥，亦大奇事也。循东山而南，为新生邑，共五里，折而西度坞中。截坞五里，抵西山凤羽之下，是为舍上盘，古之凤羽县也。今有巡司，一流一土，土尹姓，名忠，号懋亭，为吕挥使梦熊之婿。吕梦熊先驰使导为居停，而尹以捕缉往后山，其内人出饭待客，甚丰。薄暮尹返，更具酌，设鼓吹焉。是夜大雨，迨晓而雪满西山。

初二日，晨餐后，尹具数骑，邀余游西山。盖西山即凤羽之东垂也，条冈数十支，俱东向蜿蜒而下，北为土主坪，南为白王寨。是日饭于白王寨北支帝释寺中。其支连叠三寺，而俱无僧居，言亦以避寇去也。从土主庙更西上十五里，即关坪，为凤羽绝顶。其南白王庙后，其山更高，望之雪光皑皑而不及登。

初三日，尹备骑，命四人导游清源洞，晨餐后即

罗坪山远眺

行。循西山南行五里，过一村，有山横亘坞南，大坞至是南尽而分为二峡，西峡路由马子哨通漾濞，有一水出其中；东峡路由花甸哨出洪圭山，有二水出其中，其山盖南自马子哨分支北突者。由其北麓二里，东降而涉坞，过上驷（寺）村，渡三涧，三里，东抵一村，复上坡循东山南行。一里余，渡东涧之西，乃南蹑坡冈，则东之蜡坪厂山其厂出矿，山之东即邓川州。与西之横亘山又夹成小坞。南行里余，乃折而东逾一坳，共一里，东向下，忽见一水自壑底出，即东涧之上流，出自洞下者也。亟下壑底，睹其水自南穴出，涌而北流成溪。其上崖间一穴，大仅二三尺，亦北向，上书“清源洞”三字，为邓川缙绅杨南金笔。水不从上洞出。由洞口下降而入，亦不见水。或曰：行数里后，乃闻水声。其入处逼仄深坠，恰如茶陵之后洞。导者二，

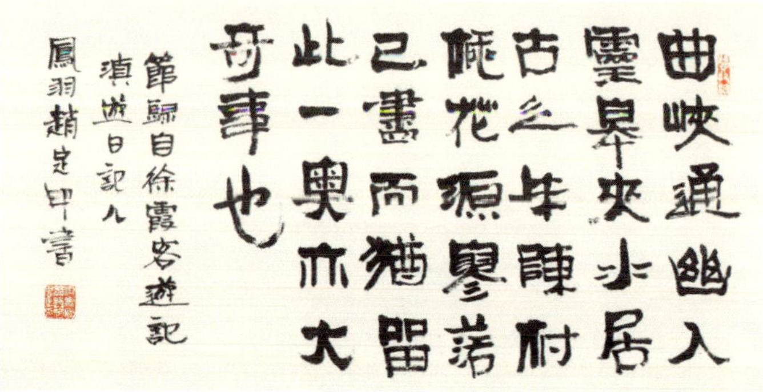

赵定甲书

一人负松明一筐，一人燃松明为炬以入。南入数丈，路分为二，下穿者为穴，上跻者为楼。楼之上复分二穴。穿右穴而进，其下甚削，陷峡颇深，即下穿所入之峡也，以壁削路阻，不得达。乃返穿左穴而进，其内曲折骈夹，高不及丈，阔亦如之，而中多直竖之柱，或连枝剖楹，或中盘旁丛，分合间错，披隙透窍，颇觉灵异，但石质甚莹白，而为松炬所薰，皆黑若烟煤，着手即腻不可脱。盖其洞既不高旷，烟雾莫散，而土人又惯用松明，便于伛偻，而益增其煤腻。盖先是有识者谓余曰："是洞须岁首即游为妙，过二月辄为烟所黑。"余问其故，曰："洞内经年，人莫之入，烟之旧染者，既渐退而白，乳之新生者，亦渐垂而长，故一当新岁，人竞游之，光景甚异。从此至二月，游者已多，新生之乳，既被采折，再染之垢，愈益薰蒸，但能点染衣服，无复领其光华矣。"余不以其言为然。至是而知洞以低故，其乳易采，遂折取无余，其烟易染，遂薰蒸有积，其言诚不诬也。遂枉隙南入，渐有水贮柱底盘中。其盘皆石底回环，大事盆盎，颇似粤西洞中仙田之类，但不能如其多也。约进半里，又坠穴西下，其深四五尺，复夹而南北，下平上凑，高与阔亦不及丈，南入三丈而止，北入十余丈，亦窘缩不能进。乃复出，升坠穴之上，寻其南隙，更披隘以入。入数丈，洞渐低，乳柱渐逼，俯膝透隙，匍匐愈难。复返而也，由楼下坑内批隙东转，又入数十丈，其内高阔与南入者同，而乳柱不能比胜。既穷，乃西从下坑透穴出。由坑仰眺，其上稍觉崆峒，即入时由楼上俯瞰处。既下穴出，渐见天光，乃升崖出口，满身皆染淄蒙垢矣。乃下濯足水穴之口，踞石而浣。水从乱穴中汩汩出，遂成大溪北去，清冷澈骨。所留二人，炊黄梁于洞外者亦熟。以所携酒脯，箕踞啖洞前，仰见天光如洗，四山如城，甚惬幽兴。饭后，仍逾西坳，稍南遵花甸路，遂横涉中溪，西上横亘山之东坂。沿山陟陇，五里下，出上驷（寺）村之西，仍循西山北行。一里，过一村，遂由小径遵西山陇半搜剔幽奥。上下冈坂十余里，抵暮，还宿于尹宅。

盖新房上梁

白族民居建筑：石头打墙不会倒

初四至初八的日记亦专记凤羽，因限于篇幅，不再一一引述。

徐霞客把凤羽比做“桃花源”，不错，凤羽的确很美。但更为可贵的是，如今，这里依然是那么宁静，很少有现代文明的喧哗，仿佛超越了时空，人们依然耕田而食，凿井而饮，过着自给自足的生活。正如当代著名学者张文勋在调寄《念奴娇》词中所描绘的：

凤河依旧，
杨柳岸，映带满江风月。
阡陌纵横，
千幛里，绿水青山翠叠。
洞号清源，山名鸟吊，妙境称双绝。
樵歌渔唱，桃源深处名邑。

清源洞

凤羽沧桑

唐永徽五年（649），蒙舍诏细奴逻在巍山一带建立大蒙国（又名南诏），随着吐蕃势力的日渐强大，唐王朝为了抵制吐蕃南下，支持南诏统一苍洱地区。南诏先后吞并了蒙嶲、越析、石桥、石和、邆赕、浪穹、施浪等诏，南诏王皮逻阁也由巍山迁到太和城（今大理南）。唐天宝四年（738），唐王朝派中使李思敬册封皮逻阁（御赐名蒙归义）为云南王，进一步从政治上巩固了南诏在洱海地区的统治地位。与太和城隔着苍山的凤羽自然也就成了南诏国的核心地区。

据洱源县志记载，凤羽早在汉朝时就已置县，治所在今舍上盘，至今凤羽文庙、武庙尚存。大理国承袭南诏旧制，设凤羽郡。元明时期仍置凤羽县，明时属邓川州，后又并入浪穹县（今洱源县），随后废凤羽县改设巡检土司，首任土司尹胜，邓川大邑里人，元末为木邦府判官。明洪武十五年（1382），明军攻克大理后归附。后随明军攻打据守佛光寨（俗称一女关）的元朝将领普颜笃，普大败。尹胜在战斗中立了功，被奏明朝廷后，授尹胜为“将佐仕郎浪穹县凤羽巡检土司”，传十九世，如今土司衙门遗迹尚存。

尹胜任土司时正值元明更替，社会秩序较乱，他能文

能武，剿抚兼施，保障了一方平安，颇有政声。他的次子尹宗继任后，还不远万里，于 1403 年入朝进贡，永乐皇帝嘉其忠，钦赐冠戴并下诏曰：朕惟帝王以天下为家，故一视同仁，无间远迩。尹宗世居云南边徼，我皇考太祖高皇帝御极之日，尔父输诚效顺，特隆恩命授以巡检土司之职。此者以疾不能治事，请命于朝，俾尔继承其职，可授将佐仕郎大理邓川州浪穹县凤羽巡检土司官。吁唏，惟忠勤可以事君，惟公平可以服众，毋忝尔职，以负朕心。永乐十年正月二十五日，申字捌佰拾伍号（盖有御印）。这就是盛传凤羽的“圣旨碑”。如今，碑已不存，但大官路、官路充的地名至今仍在沿用。

1 2 3 4 5

1. 村头大照壁
2. 凤羽舍上盘石充巷
3.《南诏图传》局部
4. 大官路牌坊
5. 拴马石

茶马古道重镇

茶马古道是中国历史上先于北方丝绸之路三百多年的又一条重要文化通道和商路。它经四川、云南，北连西藏达印度、尼泊尔，南通东南亚。故名“蜀身毒道”，也称“南方丝绸之路”。近人把它称做茶马古道。实际上茶马古道不是一条单一的大道，除主道外，还有不少小道。它像蜘蛛网一样，把川滇各地连接起来。在云南，茶马古道主要有两条，一条是上述东西向的蜀身毒道，一条是南北向的滇藏古道。大理正处在两条古道的十字路口。古道从大理出发，通过凤羽，往北经沙溪寺登街，后往西藏，西进云龙，南下漾濞，凤羽成了茶马古道上重要的中转站，数百年间号称滇西三大名乡（剑川县的沙溪乡，腾冲的和顺乡和洱源的凤羽乡）之一。2002 年凤羽镇有 7654 户，31118 人，白族人口占 98.3%。

茶马古道，顾名思义，是通过马帮把云南茶运到西藏和东南亚国家的一条商道。大家知道，在我国，有一个民族

行走中的马帮

前店后宅的凤羽古街

是不能没有茶的，这个民族就是藏族。茶马古道就是承载着把茶运到藏区的重要任务。其实，茶马古道的又一重要功能是将盛产在云南云龙、剑川、洱源的盐运销四面八方。因为是成群结队而行，所以叫做马帮。马帮的领头骡叫“头骡”，挂大铃，额上系一面小圆镜；二骡挂串铃。头、二骡都头戴花笼套口，身披彩带，十分漂亮。走村过寨，铃声叮当，马蹄声碎，煞是威风。它们驮载着茶、盐、药材、日用百货，也承载着沿途各民族的文化，凤羽自然成了多元文化的集散地。小时候，记得在马帮经过时，常常引来许多小孩观看。今天，昔日的马帮已被绝尘而去的汽车取代，但在凤羽遗留的明清古宅中，前店后宅的格局依然依稀可见。

驮马

不二法门

山川名胜

凤羽，山河毓秀，人民勤劳，历史文化悠久，民族风情浓郁。明朝王士性游大理，写下了：“乐土而居，佳山水以游，二者尝不能兼，惟大理得之。……而河崖之上，山麓之下，一郡居民咸聚焉。……大理无一陇半亩无过水者，古木荒旱，人不识桔槔。”20 世纪 30 年代曾寓居大理三年的英国人类学家费子智也说：“涓涓溪水，杨柳垂荫，竹林成群，农舍掩映在绿树之间，来访者会惊奇地发现自己身处城内却有如此怡人的田园风光。从苍山的高处俯视大理，这里更像一座披着绿色外衣、长墙围绕的花园，一座四处翠绿、稻香浓浓的田野花园。”云南师范大学方龄贵教授九十高龄还满怀深情地对笔者说：“大理很美，就像一幅山水画，多想再去看看。”这些对大理的美妙描述，今天在凤羽仍随处可见。

云南人习惯把小平原称做坝子。凤羽坝子形似银盘，号称十八村的村寨沿四山分布，只有江登和白米庄坐落在坝子中间，就像坝子的两只眼睛。这里阡陌纵横，河网如织，田地肥沃，只要没有大的自然灾害，水旱无忧。清晨，袅袅炊烟与薄雾缭绕；傍晚，暮归牛羊和农人同行。人们过着日出而作，日入而息的闲适恬静的生活。

流连在凤羽的村头巷陌，观赏着白墙青瓦、雕梁画栋的白族民居；徜徉于丝丝垂柳、花香袭人的田间河堤，犹如置身于美轮美奂的山水画中。凤羽人赋予山水石树、鸟兽鱼虫以生命的灵气，人的情感，这里山水有故事，鸟兽亦解歌；观音会恋爱，本主[①]亦多情。仅就凤羽由来的多种美丽传说就足以让人浮想联翩。

农事活动是艰辛的，春播夏收，秋收冬藏，一年很少有休闲时光，但知足常乐的凤羽人很善于调适。他们通过各种雅俗共赏的节庆活动寻找心灵的慰藉，在艰苦的劳作中创造劳动的愉悦。耕耘是辛苦的，但在呐喊高亢、嘹亮

注：
① 本主：白族崇奉的神。

1 1~2.凤羽坝
2

齐鸣中，人们你追我赶，驱散疲劳，栽下丰收。薅秧是枯燥的，人们会苦中作乐，不仅对唱白族调，偶尔小姑娘还用洗净的杂草结成团抛向过往路人，随着一声清脆的“送您吃个梨”，伴随着一串银铃般的笑声，空气里也弥漫着温馨。秋收时，那些卖凉粉的甚至把买卖做到田头，附近产梨的村寨常用马驮着一驮驮梨子穿行在田间，谷子换梨，以物易物，各得其所，皆大欢喜。

凤羽人亲仁善邻，热情好客。他们说：“出门人没有顶着房子走的，炊烟飘起的地方就可以吃饱肚子。街上米贵，甑子里饭便宜。”结婚、上坟，乞丐礼请入席；鳏寡孤独，邻里自愿相助；家中米面告罄，亲友热情赠送；婚丧嫁娶，四邻自愿相帮。

凤羽是一个典型的以农为本的地区，这里没有工矿业带

1 3
2

1~2. 田园风光
3. 清源洞会盛况

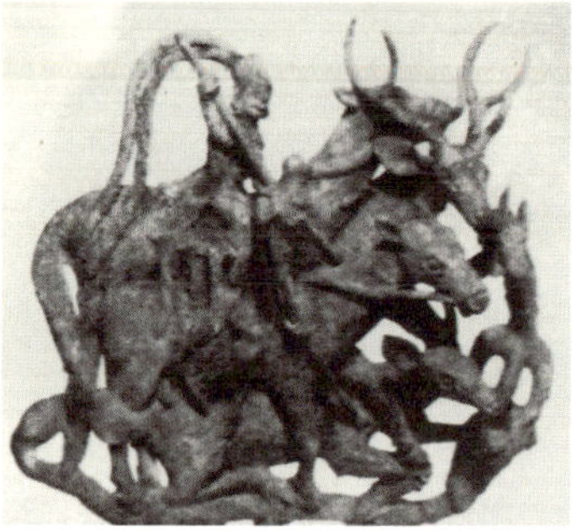

1 2 9
3 4 5 10
6 7 8

1. 犁具
2. 捕猎铜扣
3~4. 耕地
5. 摘包谷
6. 驮粮
7~8. 打谷场上
9. 丰收
10. 白族民居建筑

来的污染。逢周二才有凤羽街市，所以也较少现代生活的喧嚣。由于人们过着自给自足的农耕生活，除少数外出经商者盖了些具有现代气息的小洋楼外，多数人家节俭数年，也就围座三合院，盖方土木结构的传统瓦房。所以，来过凤羽的人，常为凤羽绿树掩映下的青瓦白墙村落所陶醉。但不论何种建筑，人们都非常注重它的文化内涵，总要把文化写上照壁、大门、门窗甚至墙檐。

今天的凤羽，因种种原因，已没有南诏、大理国设县时的荣耀和马帮铃声中的繁华，但各村建盖的具有民族特色的文昌宫和古戏台仍向人们诉说着凤羽昔日的风光。尤其是当年作为县治的舍上盘，迄今仍保存有明清两代的14座宅院。这座千年古镇东的官马大道路口，分别耸立着两座喇嘛塔形的“留佛观塔”和建于明代高8.6米、长19.15米、厚1.4米的大照壁。东面横书“凤起蛟腾”，西面直书“中和毓秀”，成为凤羽尊师重教的标志。镇内一条南北向的横街贯穿着东西向的五条青石铺就的街巷，其中官路充上分布的旗杆石座、上马石等遗迹，让人自然而然地回忆起它辉煌的过去。街面上随处可见的飞檐斗拱，精雕细刻的白族门楼，半边石座半边是门的店铺，以及店铺背后一院院

“三坊一照壁”、“四合五天井”、“一进两院”、“走马转角楼”的建筑群，说明这里当年买卖的兴隆和商业的繁荣。尤其是题写、镌刻在各家门楼照壁上的普通农民书写的遒劲的大字，更让人对凤羽人深厚的文化底蕴刮目相看。难怪上海知青到凤羽插队落户后深有感触地说：“凤羽连穿羊皮褂的都写得一手好字。”

散布在凤羽各个自然村中的古代建筑，门楼牌坊，寺庙道观就更多了，它们正经历着风雨的侵蚀和人为的破坏。如果能够科学规划，合理布局，集中连片地恢复重建予以保护，效果自然会更好。

白族四合院

鸟吊山

闻名遐迩的鸟吊山位于凤羽西边的罗坪山上，历代史书多有记载。《后汉书·郡国志》注引《广志》载："有吊鸟山，(叶榆)县西北八十里，有阜山，众鸟千百群共会，鸣呼啁哳，每岁七月、八月晦望至，集六日则止，岁凡六至。雉雀来吊，特悲。其方人夜燃火伺取，无嗉不食者以为义鸟，则不取也。俗言凤凰死于此山，故众鸟来吊。"

北魏郦道元在《水经注》中说："叶榆西北有鸟吊山，世传凤凰死于此，每岁入秋，百鸟群集来朝，鸣其哀。"崇祯《重修邓川州志》记录较为详细："鸟吊山，州之山后，《水经注》曰：叶榆西北有鸟吊山，凤死于此。又云：凤遗一羽。每仲秋，四方万鸟群集，鸣呼啁哳，以哀之。猎人燃火捕鸟，随手皆获，中多异色之羽。有司禁捕弗克。内有哀鸣不食者，称为义鸟。自汉到今无异。"

《浪穹县略》也有"每岁七、八月，鸟千百成群，翔集于此，奇毛异羽，灿烂若霞，多非滇产"的记载。

至今在民间还流传着一个美丽的传说。

相传在远古时期，一只凤凰翱翔在罗坪山上，成千上万的珍禽异鸟前来朝贺，正当群鸟尽情欢歌的时候，突然风雪骤至，凤凰拔下羽毛赏赐众鸟御寒，并让它们迅速离开避险，它自己却冻死在山上，故届时百鸟来吊。如此凄婉感人的美丽传说，让美丽的凤羽坝更加美丽，让有名的鸟吊山更加有名。

鸟吊山已知的鸟类有一百三十多种，有四十多种属保护鸟类，具有很高的生态研究价值。据传每当雨雾笼罩，燃起篝火，雾中便呈现出七彩云霞，众鸟以为凤凰降临，纷纷自投罗网。当地一些人便借机捕捉换钱，美其名曰"打鸟"。对此，不仅群众谴责，官方禁止，许多有识之士也写诗声讨。杨升庵诗："曾闻凤羽乡，昔有凤来仪。城郭今何在？

人民半已非。年年八九月，晰晰羽毛飞。借问毕罗者，伤生亦胡为。”李元阳诗：“罗坪山有凤凰台，八月秋高百鸟哀，设网当年谁作俑，忍教百鸟尽成灰。”赵辉璧诗：“凤羽何鸣乡，丹凤遗羽毛，只今百鸟朝，文明中外睹。狼子胡不为，罗张千万缕。”打鸟是一种愚昧行为，随着人们科学文化水平的提高，现在已经没有人打鸟了。

鸟吊山罗坪山丫口

清源洞

清源洞位于凤羽天马山南，苍山十九峰云弄峰北麓。洞上方有邓川人御史杨南金手书“清源洞”三字，洞外约一千二百平方米水潭清澈见底，有水从洞下石缝孔隙中涌出。《一统志》载：“洞深不可测，中有石田、石林、石枕、石莲、石兽之类。石笋倒悬，五色毕具，其泉即凤羽河上源也。”明代大旅行家徐霞客在凤羽短短八天之内，两次考察清源洞，第一次是燃着火把深入洞中数里，详细观察了洞中情景。第二次是考察了清源洞的地质地貌。据传清源洞直通邓川漏邑村，但因洞深不可测，没有人穷尽过。相传有一位吹唢呐的进洞后迷失方向，在洞中觉得吹了三天，不感饥饿，出洞时洞外已过三年。

	3
1	4
2	5

1. 清源洞内景
2. 清源洞内的石柱
3. 清源洞龙王塑像
4. 清源洞会表演（娱神）
5. 清源洞会表演

罗坪山十六峰

罗坪山位于凤羽西部，发源于剑川老君山，为苍山支脉。全山共有十六峰，即大松峰、芍药峰、银河峰、灵鹫峰、龙华峰、彩云峰、玉屏峰、凤翔中峰、三台峰、波罗峰、漆园峰、蟠龙峰、夸鹤峰、大涧峰、佛角峰、玉堂峰。群山松涛汹涌，涧内翠竹蔽天，古洞幽深，山泉竞秀。十六峰势如泰岱，层峦叠翠，时时有朵朵白云飘动其上。清代白族诗人赵辉璧作十六峰诗予以赞美，兹选录其中五首供大家欣赏：

大松峰

十六峰高此独殊，龙鳞不数万千株。
峰峰列笏朝天去，第一峰头五大夫。

灵鹫峰

灵鹫高翔半入云，岚光梵影两氤氲。
此山果是耆者窟，应见仙人白鹿群。

罗坪山十六峰

三台峰

中峰肃穆许追陪，叠翠联珠气象开。
莫道罗浮天万里，云霄举目是三台。

大涧峰

千岩万壑水潺湲，碧涧桑麻自一村。
路转峰回人世隔，桃花依旧武陵园。

玉堂峰

牛马曾闻用谷量，山间旧是白王庄。
大宫小霍谁堪拟，乞与嘉名号玉堂。

罗坪山是洱源名山，海拔三千多米，横列在凤羽坝子的西面。如果说苍山十九峰是大理坝的屏障，那么罗坪山十六峰就是凤羽坝的屏障了。

罗坪山雪

风羽镇

量羊山斛

在罗坪山玉堂峰之中有一山谷名为量羊山斛。相传白王的牛羊数不胜数，与外地人交易，就将牛羊赶入谷中，满谷为一斛。明代白族著名学者李元阳曾有诗写道："鸟吊山前禾黍香，路人云是白王庄。量羊山斛今犹在，剩有西风积叶黄。"

罗坪山峡谷

与量羊山斛相映成趣的是，在凤羽庄上花坪村还有白王洗马塘。三台峰中有一峰突起，周边峭壁千仞，上面平整，被称为白王营盘。相传大理国王段思平曾在这里饮马，现在附近村落还把段思平奉为本主，永世祀奉。

鹤林海眼

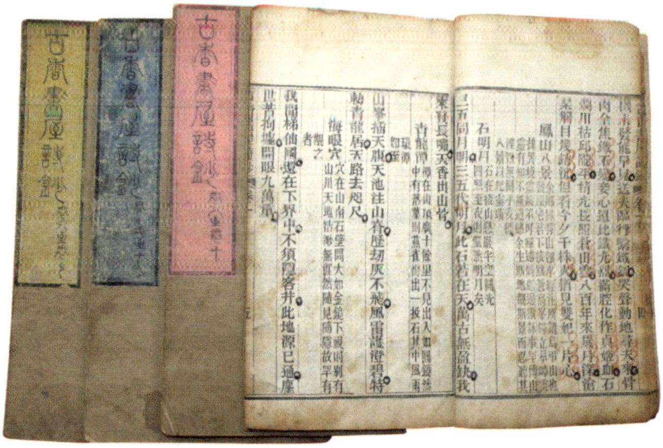

史籍中的鹤林海眼

凤羽南边有一座似仙鹤头的山叫鹤林山，山上建有一寺，叫鹤林寺。据传鹤林寺后有一海眼，时显时没，显时人们可以看到下面有人居住，有犁田的、骑马坐轿的、挑担负重的。赵辉璧写道："我闻梯仙国，还在下界中，不须隐客井，此地源已通。尘世苦拘嘘，开眼九万里。"诗后注说："穴在南山后石壁间、大如金镜。下视则别有山川天地。浩渺无涯，然随见随隐，故罕有观之者。"《浪穹县志》也有"穴在山石壁间，随见随隐。其中境界，不异蓬莱仙穴也"的记载。对于海眼的消失，当地有一个说法，是因为海眼穴远近闻名，官吏络绎来游，附近村民不堪重负，因而把穴封塞。

有无海眼穴是一个千古之谜。1978 年，云南地质勘探队在距鹤林海穴 200 米处钻探，因地下水喷涌而出，钻探无法进行。海眼问题，有待考证。

十分水

凤羽周边的群山几乎都是石灰岩，花岗石地貌，加之植被保护较好，所以从山涧崖穴中流出的溪水都是清澈甘甜。人们对水的珍爱自然就产生了不少关于水的传说，“十分水”就是其中之一。

相传大理国王段思平得了“打恼板”（白语，指皮肤病），遍寻国内名医都无法治愈，整天奇痒无比，被折磨得坐卧不安，喜怒无常。有人建议张榜招贤。果然有人应招进宫，建议用“十分水”治疗。然而，从下关找到上关，从上关找到茈碧湖，各处的水都只称得八分、九分，直寻到凤羽庄上，一称恰好十分。段思平服后病就好了。他就在此地建立行宫，当地称为“白王庄”，随后，白王洗马塘、白王营盘也先后兴起。“十分水”不胫而走，该泉也被称为“十分泉”。

大树根

文

文化教育

中国民间文化遗产抢救工程
THE PROJECT TO CHINESE FOLK CULTURAL HERITAGES

耕读人家受人敬

耕读传家是凤羽白族的优良传统。

凤羽四面环山，怀抱着75平方公里的坝子，纵横阡陌，土地肥沃。春天一片碧绿，秋天一片金黄。凤羽是主要粮油产区，粮食产量居全县前茅。凤羽人历来重视农业，人们十分勤劳，男女都下地劳动，不乏种田能手，谁家的地种得好，就受到人们称赞，反之就被人耻笑。

凤羽人尊师重教，蔚然成风。邻里之间不是以财富多寡荣耀乡里，而是以供子女读书上学为荣。当地风俗，春节迎送本主时，小男孩都要争着去抱本主老爷的“太子”，据说这样就可以读书上进，顺利升学。凡毕业生，哪怕是中学毕业，也要把喜报张贴在本主庙里，以感谢本主保佑。

凤翔书院匾

凤翔书院

在凤羽，无论贫富，哪怕负薪卖炭，织席贩履，也要供子女读书，所以凤羽很少有文盲。故而野老能辨四声，渔樵多具风雅，父老有述古之风，里巷传仁德之美，千百年的文化积淀使凤羽赢得了“文墨之乡”的美誉。

在凤羽，早期已普及私塾教育，就是公立学堂的出现也早于其他地区。至今保留完好的“凤翔书院”始建于清雍正四年（1726），距今已285年。明清时浪穹县（今洱源县）出了九个进士，凤羽一地就占四人，举人就更多，达11人。

新中国成立后，凤羽的教育事业得到空前的发展。目前，全镇有十所完全小学，两所初级中学，在校生1257人。接受大专以上教育的有273人，其中包括硕士、博士、留学生；高中（中专以上）教育的有1685人，初中以上教育的有8250人，早已实现了普及六年制和九年制教育。凤羽人在国内外大学、科研院所中从事教学、科研、管理的人也越来越多。

宗教文化

凤羽历史悠久，文化底蕴深厚。在凤羽传统文化中，白族的宗教文化颇具特色。这里有展示白族兼容各族文化又具有自己鲜明特色的宗教标志性建筑“三教宫”；这里有大理迄今惟一发现的喇嘛塔，当地称“留佛塔”；这里有与剑川石宝山石窟女性生殖器雕刻相媲美的天然“崖母阴”，白语称“召嬷杲”；这里有始建于唐代的灵鹫寺、始建于元代的帝释山，还有明清时期建筑的鹤林寺、智光寺、文昌宫、文庙、武庙、本主庙、龙王庙、玉皇阁、魁星阁等，应有尽有。其中最有代表性的是前面提到的三教宫，儒、释、道同奉，将孔夫子、释迦牟尼、太上老君同塑一堂。

凤羽民间文物收藏家杨汝雄搜集了不少文物，其中元明古碑就不少。

如立于明成化年间的《渤海郡高老官墓志》碑就很有价值，大理石汉白玉质地。通高 1.2 米，宽 0.4 米，厚 0.08 米，

孔子、老子、如来、观音（老爹）一堂香火

全碑刻 440 字，碑额还篆有五个梵文字，立于成化十五年（1479），撰文者自称“凤羽松风轩阿吒力僧首许森撰文篆额书梵”。碑中直书“刻做白词阿篇”，果然碑中多数地方只能用白族话才能释读。碑中数处出现方块汉字形或汉字形多笔少画的字，用汉语难以释读，若用白语一读就通，为古白文的研究提供了有力佐证。明代去大理国不到两百年，虽然明朝曾经对白族文化大肆摧毁，但白族文化以顽强的生命力植根在民间，证明古白文的存在毋庸置疑。碑中提到“蒙氏十三皇帝高家做酋，段家做诏”，为“诏”字的释读提出新解。

智光寺是凤羽的一座重要寺庙，现寺已毁（20 世纪中叶还在，后来毁坏了），但碑还在。现存智光寺的碑为 1.02 米 ×0.55 米，直书，碑文清晰可见，是研究白族宗教文化的重要资料。

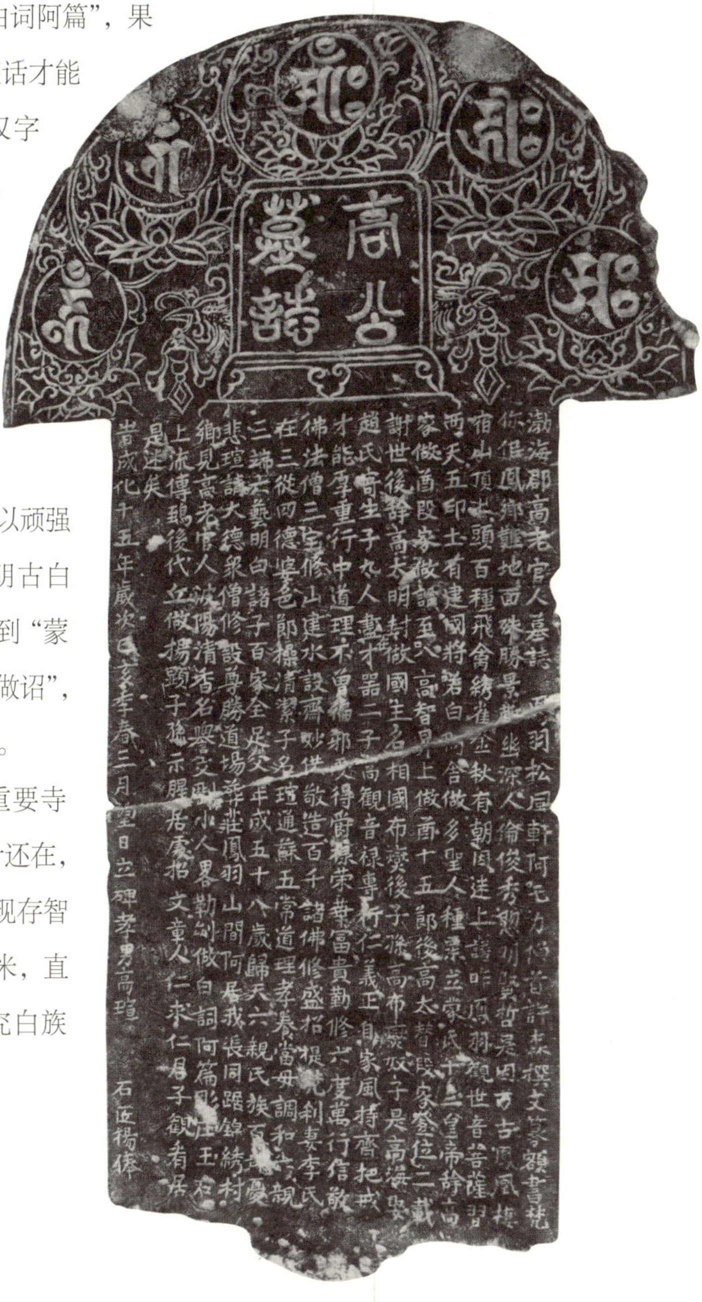

白文碑（高公墓志铭）

白族民歌

俗话说，少数民族一生下来，只要会走路就会跳舞，会说话就会唱歌，白族同样是能歌善舞的民族。许多妇女一个汉字不识，但唱起白族调来犹如行云流水，滔滔不绝。通常男女对唱，都是一韵到底，见话答话，对不上就自觉败下阵来。凤羽白族民歌内容广泛，形式多样，以情歌居多。

在凤羽白族民歌中，比较有影响的民间长诗有两部，一是《鸿雁带书》，一是《黄氏女对金刚经》。这两部抒情长诗在当地广泛流传，几乎家喻户晓。

《鸿雁带书》说的是在旧社会，一对夫妻因生活困难，丈夫外出谋生，多年没有音信，妻子思念丈夫，当大雁南飞时，便托大雁捎信给丈夫，信中叙述家中苦境和她对丈夫的思念，一字一泪，感人至深。《黄氏女对金刚经》通过主人公黄氏女形象的塑造，也反映了一定的社会生活，但因迷信色彩浓厚，上了年纪的人，特别是信徒比较喜欢，年轻人不太喜欢。

在凤羽，过去对唱情歌比较普遍。在山野中只要这边“噢嗬嗬”一声，那边立刻就有人回应。大都是男女对唱。如果棋逢对手，常常一发不可收拾。白族情歌大都是现成的，拿来就唱。有些经典唱段，世代相袭，如：

白族民歌座谈
（左起：杨亮才、金荣华、木卡拉、李缵绪；右：尹明举）

节庆活动中白族对歌

（白语）富利想活活想蜜，
脑利想我我想脑，
想翩阿赛呢？
害老保想极哨色，
直务之想稿很需，
细利兹想欠完好，
我想恩幼梯。

（汉译）蜜蜂想花花想蜜，
你想我我也想你，
想到哪一天？
老虎只恋点苍山，
金鱼只喜洱海水，
燕子常思大瓦房，
我想小妹妹。

是郊祭而柔草木萬物賴以滋生
一邑众庶樂堯天
民生

本主故事

本主会

本主，是白族人民奉祀的民族神。本主者，本境之主也。在佛教、道教传入白族地区之前，本主崇拜，是白族的主要宗教信仰。佛教、道教传入白族地区以后，善于兼收并蓄的白族人民，巧妙地将佛教、道教融入本土崇拜而独树一帜。

“本主”，白语叫“武增”，即我们的主人，也称“朵薄、朵姆”或“劳谷、劳泰”，意为“大爷、大妈”或“祖父、祖母”。在彝族、白族杂居地区，也称“土主”。这些称呼，有祖先崇拜的含义，但不完全是祖先崇拜。从各种供奉的神灵看，有自然神、图腾神、英雄神、世俗神，等等。这既具有自然崇拜、鬼魂崇拜和祖先崇拜的原始宗教因素，又掺杂着佛教、道教、儒教的内容，形成本主教。本主教是与儒、释、道信仰并行不悖的一种宗教信仰，这是一种特殊的文化现象，也是白族相异于其他民族的一种特殊信仰。

白族本主起源于何时？目前因资料缺乏，尚难确切断定。见诸文字记载的有清胡蔚本《南诏野史》：“高宗显庆二年（657）凤鸣于浪穹，罗浮山乃改名凤羽山，封十二圣贤为十二山神。”王崧本《南诏野史》亦有类似记载：“蒙氏平地方，封嶽渎，以神明天子为国主，封十七贤，五十七山神。”但从至今流传在民间的大量口碑文学中，关于白族本主起源，可以上溯到远古社会。

在白族本主崇拜中，值得注意的是，除南诏、大理国的国王、清平官、大军将等人物大量挤进本主行列外，还有各朝代在大理地区用兵的文臣武将，如诸葛亮、李泌、李定国等，甚至臭名远扬的吴三桂，也成为个别地区白族祀奉的本主。这是白族本主信

仰中值得研究的地方。有人认为，白族本主不以成败论英雄，不以民族辨是非，不以男女定尊卑，这是白族文化开放包容的生动体现。

白族本主有多少？人们常说有500神王，这只是言其多，而不是实数。据徐嘉瑞1944年对大理77个村进行调查统计，女本主神21个，男本主神39个，加上最高神王，共61个本主神。1985年，大理市文化局对所辖区四百多个村寨进行调查，共搜集到二百多个本主神。1982年，章虹宇对鹤庆县进行调查，共搜集到531个本主神，用泥或木雕塑成偶像，供奉于本主庙内。一般一村一个，也有数村供奉一个的，有的还在一个庙中供奉本主本人及其扈从和子孙多人。如下关将军洞本主便是。每个白族本主都有封号，诸如“点苍昭明”、“洱河灵帝”、“爱民皇帝”、“英武将军”、“茶花公主”等。

1 2

1. 龙王本主像
2. 天地三界（甲马）

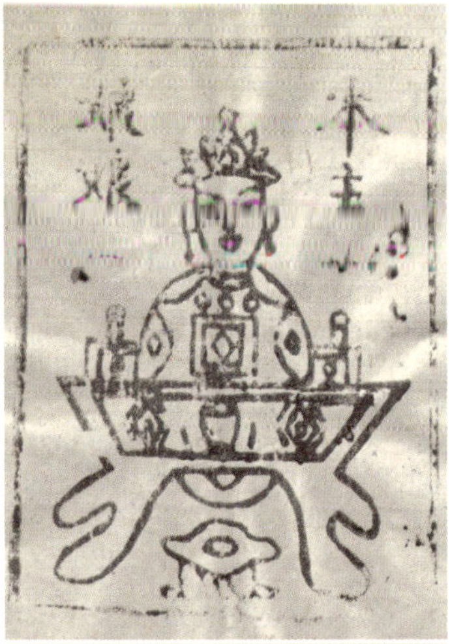

大理古有妙香国之称。唐南诏时佛教在大理地区已颇为盛行，宋大理国时期达到顶峰。元郭松年在《大理行记》中说："此邦之人西去天竺为近，其俗多尚浮屠法，家无贫富，皆有佛堂，人不以老壮，手不释数珠，一岁之中，斋戒几半。绝不茹荤饮酒，至斋毕乃已。沿山寺宇极多，不可殚记。"这种情况反映在白族本主信仰中，就是一些白族村寨直接把观音菩萨、大黑天神、多闻天王、弥勒、达摩、白那陀、诃梨帝母作为本主祀奉。

在白族本主崇拜中，通常都是"巫佛一家、密（教）本（主）合一"。许多信仰本主的善男信女同时又是阿吒力教组织"莲池会"、"洞经会"的骨干，是阿吒力教"坛"、"会"的首领，同时又是祭祀本主、迎送本主的组织者。由于他们都有较高的文化修养，祭祀本主的表、诰、疏、经都要礼请他们代写、代奏、代焚化。据传只有他们的参与，本主才会享祭，祭祀才能灵验。人们通常又称他们为"朵兮薄"。

朵兮薄，也叫"舍波"。有的地方对男性叫"舍之"，女性叫"舍囡"。朵兮薄上通神界，下通人世，是神与人之间或口传或心授的沟通者。与汉族的端公、彝族的毕摩、纳西族的东巴、北方民族的萨满相类似，其实就是巫师。原始宗教与巫术是分不开的。巫师就是施行巫术的神职人员。此种巫师，汉代叫"耆老"。晋常璩《华阳国志》说："夷中有桀黠能言议屈服种人者，谓之'耆老'，便是主。"唐南诏叫"鬼主"。唐·樊绰《蛮书》说："大部落则有大鬼主。百家二百家小部落，亦有小鬼主。"那个时候，鬼主既是部落酋长，又是宗教领袖，是人神皆通的人物。南诏时期在宫廷中还设有"鬼主"的官职，专司占卜仪式和对大小"鬼主"的管理。道教在白族地区兴起后，朵兮薄在道教的影响下，已发展成巫教与道教合二为一。大理白族有个传说，

朵兮薄的祖师爷是“白骨真人”，他原是太上老君的徒弟，因气死而化白骨，幸被太上老君喷水救活。后秉承师父之命，做了朵兮薄。据史书记载，明代大理府就设有“朵兮薄道纪司”，太和县设有“朵兮薄道会司”，专管朵兮薄及本主教事务。简而言之，朵兮薄是本主文化的媒介，是本主文

1. 本主娘娘（甲马）
2. 石岩本主（甲马）
3. 灶王（甲马）
4. 柏节夫人（甲马）

化的继承者、保存者和传播者。直到现在，在各地祭祀本主的祭典中，朵兮薄在迎送本主、跳神祭祀方面，仍然扮演着很重要角色。

白族本主庙一般建在离村寨数百米左右的山地上。前临绿水，背靠丛山，面朝本村，个别也有盖在村寨中的。地势高，向阳，周围宽敞空旷，松柏掩映，环境幽美。一年四季香火不断，尤其以农历正、二月和六、八月为最。

本主庙采用白族传统的土木建筑。前戏台，后大殿，左右为厢房。庙内大殿专供本主。也有与道观、龙王庙或观音阁合建的。这种大庙通常都是三合院、四合院的格局。戏台和大殿门造型结构特别讲究。戏台雕龙画凤，面朝大殿。白族的能工巧匠把自己的艺术才能倾注在大殿和戏台的建筑上。大殿的廊柱上刻着各种楹联，有的颂扬本主功德，有的追思本主业绩，有的渴求本主赐福，不一而足。

供奉在本主庙中的本主神祇很多，通常在主殿中供奉本主老爷，以及本主的亲属，有的两三尊，有的多达数十尊。厢房中供奉六畜大王，专管六畜平安；子孙娘娘，专司男女生育；痘儿哥哥，保佑小孩不出天花和麻疹。有的本主庙中还供奉卫房圣母、牧羊人、护稼神、吃素神。对吃素神祭祀

时，禁用荤腥。本主庙门口有门神护卫，如泥马、石猪等。

白族本主在白族人民生活中占有重要的地位。大型的祭祀活动，通常一年两次：一次是农历六月，家家都要到本主庙祭祀，俗称“送平安子”，主要是祈求合家欢乐、无病无灾、一年平安；一次是正月本主节迎送本主。此外，人们结婚、生小孩、盖房、远出或归来、新生婴儿取名、上门的新姑爷改名，都要到本主庙祭祀。如有人久病不愈，也要到本主庙祈祷、招魂。

洱源凤羽凤翔村本主大圣威定四时惠国佑民景帝李文斌，振兴村本主三龙太子显佑皇帝正道大臣李时中，起凤村本主显佑邦家高聪皇帝李文景，相传是同胞兄弟，因家道贫寒，父母病了，无钱买药医治，他们听人说在遥远的罗坪山上，有座雪龙峰，峰上长满药草，可以治病。三兄弟就一路寻找来到罗坪山。当三兄弟采得好药准备回家时，

2
3
1

1. 祖德流芳
2. 本主庙一角
3. 巫师

噩耗传来，二老已经病故。兄弟三人悲痛欲绝，心想采药是为救治双亲，现双亲已故，活着还有什么意思，便一齐跳崖自尽。当地人感兄弟三人一片孝心，就把大哥奉为凤翔本主，二哥奉为振兴本主，三弟奉为起凤本主，立庙祭祀。本主庙书联颂扬：

采药竭乌情、越虹桥、渡鹈关、共主仆弟兄诚心爱日；

着屐登凤岭、披凫藻、践鸿苍、统蕹蒿杯卷痛念终天。

1. 起凤村本主庙一角
2. 起凤村（包大邑）本主庙
3. 子孙娘娘三姐妹与痘儿哥哥
4. 六畜大王
5. 香炉

起凤本主

庙貌辉煌想当年忠孝节义；

躬修纯粹仰今日正直聪明。

洱源凤羽雪梨村本主敕封镇定坤元保应皇帝赵德芳，大村本主神冀宣功西天景帝，草甲村、白米东村本主东山天子骑龙景帝，玄恩谷丰明德景帝，白米、星登、七树、马头、大充等村的本主爱民景帝张保君等，也是孝子，他们都是因孝行而受祀。

据文献记载，唐南诏时佛教在大理地区已颇为盛行，宋大理国时期达到顶峰。南诏、大理国统治者采取“以儒治国，以佛治心”的策略，用以巩固政权。大理国二十三代国王中，有九人出家当和尚。这种情况反映在白族本主信仰中，就是一些白族村寨直接把观音菩萨、大黑天神作为本主祀奉。

大黑天神作为本主崇拜，几乎遍及大理白族自治州所属各县。据《新纂云南通志·宗教考·佛教》载：“云南各县均有土主庙，所供之神非一，而以塑大黑天神者为多，塑像三头六臂，青面獠牙，狰狞可畏。何以祀此神像，民间传说多无稽之谈。近来留心滇史，稍有涉猎，乃知大黑天神为阿者黎教之护法神。盖其教以血食享祀，民间尤敬畏之，村邑立祠，疾疫祷祝，初谓之大灵庙，后乃目为土主也。”值得注意的是在白族本主中，大黑天神的形象已非原样，而是完全白族化了。

观音在白族人民心中是仁慈、吉祥、幸福的化身。观音经常以排忧解难、逢凶化吉的美好形象出现在白族口头文学和书面文学中。《观音伏罗刹》、《观音负石阻兵》，在白族地区几乎家喻户晓。观音深受白族人民爱戴，理所当然地进入白族本主行列。

道教传入大理的时间，比佛教还要早些。唐贞元十年（794）剑南西川节度使韦皋派副使崔佐时与南诏王异牟寻在点苍山会盟，曾请天、地、水三官。据说“天官赐福、地官赦罪、水官解危”。这些都是道教的东西。出现在唐与南诏会盟的庄严时刻，可见南诏时期崇拜道教之风甚盛。

流行在白族民间的道教团体“洞经会”，参加者多为知识分子和音乐爱好者。每逢夏历正月初九玉皇诞，二月初三文昌诞，三月十九观音诞，六月二十三关圣诞，以及七月中元会等会期，信徒云集，盛况空前，无论是“拜佛会”、“莲池会”，或是“洞经会”，实际上是佛教、道教和本主宗教的混合物，观音为佛教，玉皇为道教，九坛神为本主教。

白族本主信仰受道教影响，集中表现在本主祭祀之中。在白族地区，普遍流行“招死人魂”或叫“问先灵”的习俗，主持这个仪式的是自称“朵兮薄”的巫师。有的就直接在本主庙中进行。白族普遍相信人有三魂七魄，如果某一魂魄因惊吓等原因离开身体，只要从河里捡回七个石头，放在枕边，父母待病人熟睡后边捻石头边叫：“无名子回来，无名子回来（若为女性，则改叫‘无名女’）！”若魂魄被本主摄去，就请朵兮薄到本主庙招魂。其法：先准备好香烛、

凤翔本主三兄弟

纸钱、公鸡等祭品，用大红纸做一个三角形的招魂筒。在本主神坛前祭奠祷告后，朵兮薄一只手拿一根小木棍，一只手持张开口的招魂筒，口中念念有词，同时在附近的树枝上敲打，待小虫落入招魂筒就算捉住了魂魄，便赶紧封住口，小心翼翼地将它带回家，安放在灶君前，招魂仪式即告结束。

最集中体现儒、释、道三教融洽的是白族地区的寺庙建筑。在白族地区，单一的寺庙群是很少的，许多的寺庙群都是如来、玉皇、太上老君一堂香火。弥勒佛几乎每个寺庙都有他的尊容。洱源凤羽圣谕堂就直接标榜：忠恕、慈悲、感应。忠恕宣传儒家思想，慈悲宣传佛教思想，感应宣传道教思想。有人说，儒重风骨，道重气韵，佛重神采，三者相分又相联。这些在白族本主崇拜中实现了完美的结合。

在祭奠本主的时候，白族人民还有借助本主的神灵看茶预卜来客，看鸡血和鸡头占卜吉凶祸福、财帛多寡的习俗。比如，白族人民在给本主老爷上茶时，看到茶里冒起的气泡，就说今天会来多少多少客人。看鸡血起泡的多少来占卜本主是否享祭，以血多且鲜艳象征有盈钱剩米，以血暗示财源枯竭，以泡沫大而多象征本主享祭。看鸡头时，以鸡头天灵盖布满血丝表示主人财帛多，以鸡头天灵盖苍白表示财帛少。如果发现天灵盖上有斑，就意味着主人家今年可能遭不幸，主人就会心有余悸，整天惴惴不安。此外，客人们还可以从鸡嘴下巴的形状来占卜主人家的和睦与否，或是否亲仁善邻。通常鸡头总要敬给最年长的先看，然后再按照年龄长幼依次传看。这种祭祀活动，都要大宴宾客，以客多为荣。樊绰《蛮书》对此种情况曾在《蛮夷风俗第八》中作了如下生动描述：“每饮酒欲阑，即起席前奉觞相劝。有性不能者，乃至起前席扼腕的颡，或挽或推，情礼之中，以此为重。”

在正月迎本主节时，通常由本主辖区村寨集资举办，以当年家中添了男孩的家庭承头，由本村中有影响的士绅、族长、朵兮薄负责组织。在迎送本主盛会期间，全村杀猪

1 2 3
4 5

1. 观音老爹本主像
2. 莲池会老妈妈诵经（祭龙王）
3. 在接送本主仪式之前，老人诵经祈求本主降福于民
4. 本主前的供品（甲马、食品）
5. 在本主前焚烧甲马

羊，男女老少身穿节日盛装，全村还要耍狮灯、龙灯，踩马、请客唱戏、唢呐高奏、锣鼓齐鸣。连本村嫁到外地的姑娘都要回来过节。接本主时，各村风俗也不尽相同，有的村让本主坐轿，有的村让本主骑马，有的村让本主坐船，有的村则全用汉子背，有的村则用拖车拉……这村接，那村送，热闹非常。这是白族人民一年一度的民族狂欢节，也是重大的原始宗教活动。如有些地区在本主节举行“咬犁头”，“上刀梯”等活动，既是象征一年的终结，又是展示来年清吉平安的开端。正如有的耍龙贺词中唱道：“一条青龙东海来，为迎本主耍一台，自从今日庆贺后，阖村得安然。”

见一叶而知秋。让我们去感受一下凤羽义和村迎送自己本主“卫国佑民弘道圣帝大黑天神”的具体情况和平时一次祭祀活动的细节，以此了解白族人民日常生活中的本主形象。

大黑天神辖区为义和、上寺、屯户三个自然村。照例每年正月初五是义和村迎神之期，直至初八日送驾，轮到上寺迎接。迎送前的准备工作由当年家中添有男孩的一家或数家牵头组织，自然有许多热心人自愿帮忙采买、扎花轿，排练耍狮灯、龙灯、马舞，请吹唢呐，物色唱戏人选。妇女则将村里大街小巷打扫得干干净净，并将迎入本主歇脚的文昌宫也整理一新（文昌宫，白族村寨几乎皆有，通常是本主庙在村旁，文昌宫在村里）。迎接本主这一天，全村男女老少都拿出自己最好的衣服打扮一新，一早就忙出忙进。大约十二点左右，由年长的人领头，唢呐、锣鼓前导，一路上耍狮灯，耍龙灯，鹤舞。然后全村男女老少手秉香烛鱼贯出村，向本主庙进发。到了本主庙，烧香磕头，祭奠祷告，然后在激越的唢呐声中尽情表演。有时还唱戏来取悦本主，礼请本主上轿启程。回村时，仍然和出发时一样，

抬本主

男女老少迎本主

长者与奏乐、耍狮、耍龙、鹤舞的人们前导，青年男子争相抬本主上路，以博取本主欢心。手秉香烛的妇女们跟在后边，最后是看热闹的男女老幼。沿途只要遇有空旷的地方，耍狮、耍龙，总要舞弄一番。进入本主辖区的村头巷尾，本土总是暂歇一会，附近村民立即将早就准备好的汤圆、果酒、包子等供品供在本主轿前，热心的村民还将事先就备下的红糖开水、米酒端给迎接本主的队伍品尝。五点左右，将本主迎到事先准备下的神坛（通常设在文昌宫）。神坛内悬挂着各种五颜六色的彩纸，上书各路神祇的佛号、道号、神号。神坛前摆着大红香烛一至二对，花瓶一对，内插鲜花，点佛灯、点蜡烛、摆水果、红糖、糖果、米干馕、豆腐、馒头，陈献齐备后，请朵兮薄或法师念本主疏文：

开辟疆域自古仰赖　　神灵
捍卫人民原系凭依　　赫濯
是以恩推兆姓，援引大众之欢欣，凡属泽及万民，感动各村之迎迓，兹当春王正月值。

福主之巡村，照例规定日期，概举迎神之赛会，整齐职事迓銮舆於今宵，洁净身心，叩凤车於是辰，三熏嚽祝，百拜俯陈，由是约集众姓，於文宫设壇，宣演福主经章，拜礼宝号，保安道场一供白昼良宵等因，今则道场洁备，法事当行，谨具疏文，恭伸礼请

本境福主　座下

神慈俯垂洞鉴　伏颀

銮舆遥临，尝大家之素供；凤车暂住，佑众姓之平安，亘冀默佑花童；人人扶其健顺；永保全村，家家荫以清吉。干冒

神威，下情祈祝之至，百拜谨疏。

与神坛内祈祷相映成趣，天井里齐集的群众却载歌载舞，欢歌笑语，响彻云霄。直到黄昏，除留下守护本主的人外，其余的暂回家吃饭。饭后，又齐集本主周围，唱戏娱乐。热心的人自然将早就备下的硕大的干树疙瘩捐献出供本主老爷和子民一起取暖。在熊熊的火塘边，人们都乐于守护本主，喝酒聊天，乐而忘归，通宵达旦。有的本主辖区有

祭奠清源洞龙王

宾至如归（右二为上海知青）

几个村，那就要你接我送，直到将辖区全部走完，才将本主送回本主庙。所以到了初八日，义和村就要举行送驾仪式，而上寺村则准备迎接本主。

初八日十时左右，送驾仪式开始。本主前仍供各种东西，杀一只大公鸡，备一块肥肉，不拘多少。全村老少按辈分齐跪叩谢本主来时赐福，去后留恩，开祭后读祝文一封：

福主：

国定榆都，神封凤邑。五朝证位，千载覃恩。常捍患而御灾，屡拯民而保国。在当年干戈扰攘，曾频显应于战攻；经此日境上清平，又复维持乎气运。卫四方而靖镇，疾疫无虞；舒万姓以延康，清宁有庆。瞻依不尽，感戴无穷。伏愿默佑时和岁稔，俯仰皆宽；冥扶国泰民安，蕃昌嗣续。祈来尝之菲献，聊洞乎微枕。

谨祝。

最后，全村欢聚吃喝一场，迎送本主就算结束。还要提及的是，迎送本主期间的各种供品，必须每天早换一次，晚换一次，以示虔诚。迎送本主的各村之间，有时为了争个你先我后,还发生戏剧性的争斗场面。因为在人们心目中，新春佳节本主至各村巡视，与民同乐，就可祛病免灾，保佑各村清吉平安。白族本主是白族人民心中吉祥和幸福的化身。

大黑天神的平时祭奠不分时日，虽然每次祭奠因所祈求的愿望不同而有所区别，但大体仪式是相似的，当全家人商定要去祭奠本主后，就开始着手准备。多数祭品是家中自有的。比如各类小菜、葱花芫荽、公鸡、腊肉等。有些

宴客

就需要到街上去买，比如香烛纸钱、本主甲马子一封、米干馕、豆腐等物。出发前，依次将油、盐、酒、茶、米、菜蔬、香烛纸钱、锅、碗、刀、砧、壶、杯等物装入几个箩筐中。大公鸡自然由小男孩早早抱着在大门外等待出发。

到了本主庙，支好三脚灶，掌锅的先将各类碗盏用香柏叶或香草刷洗干净。陈设在本主像前的有红糖、糖果、茶、酒、香烛、金银纸钱等物。将本主甲马子一封打开，将“本境福主”的几张供在本主前。其余的按甲马子上书写的“六畜大王”、“痘儿哥哥”、“子孙娘娘”、“卫房圣母”等封号摆设在各自的神坛上。待掌锅的将五颜六色的米干馕、香气四溢的乳扇和豆腐煎好后，本主面前摆六碗叫一席，其余各神面前摆各类都有少许的一杂碗。牧羊人前面还要摆一根事先备好的羊骨头。吃斋人面前只摆素食素果，不摆荤腥。其间有专人去将公鸡用香柏叶或香草从头到脚洗干净。万事准备就绪，就开始第一次活祭。

主祭者抱着大公鸡前面跪下，其余人按辈分分排跪下，行三跪九叩大礼，主祭者祈祷祭奠的原因、主人的愿望，有时还念本主祝文：“云南总本主大黑天神卫国佑民弘道圣帝，座下生而神武，从容沉百万之兵；位更圣聪，感应遍三千之界。帡幪兆姓，保障全滇，六诏元魁，于昭英明。禦灾捍患，苍生常坐于福中；护国安邦，香国悉荫于佑下。恩周边徼，泽溥村户，膺上帝之褒封，尊隆洪号；勅善坛以主宰，掌握重权。民等久仗调停，频蒙指示。亲如父母，仰若君师。今逢诞降，共效嵩呼，虔将悫悃之报，乞鉴心香之奉。谨祝。”祝毕，在本主座前杀公鸡。然后将鸡脖子和鸡尾较华丽、长、大的鸡毛拔下少许，蘸上鸡血后插在本主祭坛的石缝或砖缝里。活祭仅在本主老爷前进行。祭毕，即将公鸡连同前面供好的腊肉一次放入锅中煮，准备第二

九旬老人闲不住

次祭祀。

待鸡、肉煮得半熟，负责陈设的人再次添酒、茶在神坛上供着的酒杯、茶杯里，有时还再上一次香。然后将全鸡盛在盆中，用两只筷子和菜刀插在鸡翅膀中，让鸡成昂首挺立状。这次全鸡祭祀除吃斋的外，其余各神牌位或塑像前都要磕头祭到。

第三次祭。这一次祭要盛饭一碗，各种菜肴、鸡肉各盛一碗，放置在托盘中，上面横放儿双筷子，从本主老爷开始，除吃斋的外依次再祭一次。祭毕，长者烧化纸钱、甲马子等物。然后就在本主神前摆开地席，你请我邀，开怀畅饮，一醉方休。中间还夹杂着前面述及的看鸡头、鸡骨骼等仪式。

白族本主除了是本村的守护神外，如果发生了对外战争，他又是率兵迎战、保护本民族安危的战神。所以，一旦发生战争，人们就携带粮米、草鞋之类，连同兵器在本主庙中或附近烧祭，名为“解课”。意思是本主率领阴兵参战，既保佑我们本民族参战儿郎的安全，又亲自与敌方保护神战斗，我们应该全力支援。

天婚

凤羽的白米、星登、旧邑、上登、马头、七树、杨柳、大充、源胜等村供奉的本主是“能济乾坤孝感威宁爱民景帝张保君”和其妻“照应洞天感德圣母”。这里有一个优美的故事。

相传张保君是大理辘角庄人，自幼丧父，与其母相依为命，艰难度日。后在大理实在活不下去了，就一路讨饭来到凤羽,住在七树村边赵家瓦窑中。母亲由于一路又累又饿，病倒了。张保君每天乞讨孝养母亲,后来有好心人告诉他说：“看你身强力壮的一个小伙子，天天乞讨怎么行呢，眼下十冬腊月，气候寒冷，街上木炭很贵，你不如去烧炭，比讨饭强。”从此以后，张保君每天早出晚归，靠烧炭孝养母亲，日子还算过得去。这时，在凤羽坝的南端，住着大黑天神阁止阿（即阁逻凤），他有二子二女。有一天，大黑天神把儿女都叫到自己面前，一一问道：“你们吃谁的福禄？靠谁养活？”大姑娘和两个儿子都说：“吃父母的福禄，靠父母养活。”大黑天神听了哈哈大笑。惟独小女儿说她吃自己的福禄，靠自己养活。大黑天神大怒，把她撵出家门。母后心软，悄悄将女儿平时喜欢的一头水牛给了她。公主离家以后，倒骑牛背，一路经过不少村落，最后来到张保君住的瓦窑，

白族地区随处可见的大黑天神

就停住不走了。小女儿下牛，走进窑洞，只见一个老婆婆在煮饭，当她得知老婆婆还有一个烧炭的儿子时，便决定留下来，做老婆婆的儿媳妇。小女儿和张保君成亲后，有一天小女儿拿出三块银子让张保君去买米，不想，一会儿张保君却空着手回来了。小女儿问他怎么回事，张保君回答说：“你给我的那三块东西，第一块是我看见麻雀正在吃田里的谷子，用它赶麻雀了；后来我又看见马在菜园里吃人家的菜，一只狗在咬一个乞丐，就将第二块、第三块拿去打马和狗了。”小女儿说：“你做的是善事，可把银子丢了，我们拿什么买米呢？”说罢又摘下金耳环给张保君去换钱买米。张保君说，这东西我烧炭的地方有的是，第二天，张保君捡回来一些，小女儿一看都是黄金白银。

他们家富了。小女儿想起父母，想请他们来玩玩，可大黑天神却说：“要我们去不难，只要你们在大涧河上架起金桥，把从我们门口到你家门口的路铺成银路，我就到你们家去。”后张保君夫妇一一做到了。大黑天神也只好兑现自己的诺言。张保君夫妇的行为受到人们赞扬，他们死后，双双被奉为本主。本主庙里书写的楹联，颇耐人寻味：

持柯养慈萱，窑火热时，母后何知子景帝；
跨牛获圣配，金桥架后，父王方识女仙机。

据台湾中国文化大学金荣华教授介绍，《辘角庄》这类天婚的传说在日本、韩国也有流传。是人类对美好爱情的追求让远隔千山万水的异国他乡产生了异曲同工的故事，抑或是早期民族的迁徙将自己的文化带向四面八方，这实在是一个饶有趣味的话题。

树疙瘩和私生子

洱源县凤羽铁甲村的本主一说是树疙瘩。相传有一天，一个赵姓妇人去山上背小冲树疙瘩。她背了一个很大很大的树疙瘩往回走，一歇轻，二歇重，三歇四歇就走不动了，她只好回去喊自己的男人。第二天，夫妻俩提着斧子、背筐，准备将树疙瘩劈开后再运回去。谁知一劈，斧斧见血，夫妻俩大惊失色，惊惶回家。当晚梦见树疙瘩说："我是你们的本主，明天你们继续抬我，到我不愿再走的地方，就在那儿给我盖座本主庙。"

也有人说他们的本主是大理国缔造者段思平和他的两个弟弟。

段思平、段思恒、段思宗三弟兄分别是兰林、庄上、铁甲三村本主。

相传段氏三弟兄均为私生子，因其母梦与木头交欢而生。长大以后替人牧羊，常常被同伴骂做杂种而备受奚落。三弟兄愤而上山落草，周围团结了一批智勇之士。后来感到做贼没有出息，就聘请怀才不遇的董迦罗为军师。恰好董迦罗也夜梦三虎入堂，所以三弟兄一到，董迦罗欣然受聘，后来打下天下，段思平做了国王。由于生前兰林李家跟着段思平打天下，故而段思平死后就被奉为他们的本主，并书联颂扬他：

功绩著于汉周，顺天抚民一点精忠同日月；
名亭魁乎杨赵，定国安邦千秋正气壮山河。

段思平的二弟段思恒做庄上村本主，三弟段思宗做铁甲村本主。据传原来三弟兄连同他们的亲属120人同住在庄上本主庙。后来山洪暴发，本主庙被冲毁才一分为三。

古树民居

默相文明

张绰是凤羽舍上盘官路允人，清代雍正八年进士。

相传张绰进京参加会试。考前一天晚上，他正在住处聚精会神看文章，忽然看见一位老人推门来到身旁，张绰疑为隔壁考生，也就没有在意。不料老人一一点拨张绰文章

的优点和疵谬所在，很令张绰佩服，连忙起身询问，老人回答说，我们是同乡。张绰惊异之时，老人不见了。

张绰返乡后到本主庙上香，越看本主越像在京师见到的老人，就亲书“默相文明”四字立匾感激。

诗化田园

国王、护法、本主是一人

大黑天神从佛教的护法神挤进白族本主的行列，在大理的好几处地方都出现，但将国王、本主、护法集于一身却只有凤羽独有。

相传大黑天神原是天上掌管瘟疫之神，上帝要他将瘟疫撒下人间。他到了人间，看到男耕女织，一派生机。他不忍心伤害百姓，便自己把瘟丹吞吃掉，将全身烧黑了。人们感其德，将其奉为本主，先封为卫国佑民西弄景帝，后又被道教升格尊为弘道圣帝。但也有说大黑天神就是南诏王阁逻凤，因建南诏国有功被奉为本主。洱源凤羽上寺、屯户、义和等村供奉的本主就是他。因大黑天神一身兼数任，所以当地说他“在庙为本主，在寺为伽蓝，在世为国王”。本主庙上书楹联：

溯剡帝源流，读史采风，在昔膳楚怄开，奠安僰国，诚卫武经文，正直聪明超六诏；

考诸王世系，由神封圣，而今阴阳燮理，辅翼南坛，允佑民弘道，威灵显应障全滇。

大黑天神所居的本主庙坐落在他辖区义和、上寺、屯户中间的鹤林山麓，门前正好是昔日的茶马古道，当地人称为“大官路”。从邓川翻越天马山，穿过凤羽坝西边村落到舍上旁翻越罗坪山进入炼铁，然后可从西、南、北三个方向到云龙、漾濞、剑川。

与大黑天神比邻而居的本主就是他的女婿爱民景帝张保君，他与大黑天神小女儿的爱情故事在当地家喻户晓。人间的喜怒哀乐活灵活现地体现在本主们身上，这种本主崇拜的世俗化正是白族本主崇拜久盛不衰的生命源泉。

大黑大神（甲马）

贪口腹的本主太太

相传洱源凤羽上寺、义和、屯户三村本主“弘道圣帝大黑天神”有一个又贪又馋的老婆，人们四时的祭祀远远没有满足她的贪欲，因此，她经常给小孩施放瘟疫。得了这种病的小孩不冷不热却惊哭不已，喷嚏声声但鼻涕毫无，人们就知道是大黑天神太太搞的鬼，只好自备祭品到本主庙旁偷偷祭奠。祭时请一老妇人先装模作样地在门边探头探脑张望一番，等到确认大黑天神不在家时，就侧着身子一路小跑到神坛前，象征性地弯腰曲背地背起大黑天神的太太后，一路小跑到离本主庙不远的僻静地点祭奠，等到大黑天神的太太吃饱喝足后，又重复前边的一系列动作，悄悄地把大黑天神太太送回神坛。

除了大黑天神太太外，他的小儿子也依恃其母的溺爱，经常在外边横行。每当除夕杀年猪，他就将灰烬迎风乱扬，引起火灾，人们不堪其害，就接二连三地到大黑天神面前告状。大黑天神大为震怒，天神太太只好哄小儿子帮他看看头上的虱子，然后一把将他按住，横过一只脚将他夹住。所以，现在人们在塑本主像时，大黑天神太太面前塑一半蹲半跪的小孩，大黑天神太太右手按在他的天灵盖上，左脚横过来夹住他。

这哪是神界，活脱脱的人间。

祭祀

民俗大观
中国民间
文化遗产
抢救工程
THE PROJECT TO CHINESE
FOLK CULTURAL HERITAGES

春节

白族人民都有过春节的习俗，虽然各地过春节的礼仪不尽相同，但辞旧迎新、祈祥纳福的愿望是一致的。

凤羽白族人民最忙的日子，除栽种、收割季节外，要算腊月备办过年货了。富裕人家，宰年猪、磨豆腐、腌咸菜、舂饵块（年糕）、缝新衣；穷苦人家，也要应个节气，准备点过年的必要物品，所以家家户户总是忙忙碌碌的。俗话说："叫花子过年，也要买三截猪大肠。"年三十晚上的街子，比任何时候都热闹，除买卖米肉、菜蔬等必需品外，比较突出的有两个摊子：

纸火摊 过去人们有贴春联习惯，以烘托节日的热烈气氛，还有人们认为在门柱堂屋内各处贴上各色甲马纸，如门神、天地牌、灶神牌、招财童子、利市仙官、农家历等，可以得到神佛保佑，所以几乎家家都要买一份，拿回家中张贴。在卖这些纸火对联摊子两边，人来人往，热闹异常，除夕当晚，更是挤得水泄不通。

布施摊 三十日午后，贫苦无依的人可以摆摊子在街口，坐着小凳，拿着口袋，等着别人施舍。有的富裕人家，为求名誉，积阴功，象征性地给穷人一点食品；一般人家，平时有疾病灾害，曾经向神许愿，要在腊月三十日晚上，拿钱米施舍穷人，以求消灾免难。这些施主把准备好的财米，到时拿上街头，顺着穷人摆的摊子，挨个施舍，数目可多可少，但力求平均周到。一般是每人米一小碗或一杯，铜钱几文，每个摊子上都要给到。如发生争执，由"春官"（系旧政府从游民中选定专管乞丐流氓者，每乡一人）在旁解决。直到日落黄昏，受布施者也买了些过年物品，街子才散。在家的人，要做好除夕过年的准备工作。

凤羽白族过年期间，据邑人赵振銮先生调查，主要有以

下活动：

泉边洗衣

打扫清洁 房屋内外，大街小巷，都要打扫干净，以后初一到初五，都不扫地，免得把“财运”扫走。

贴对联 白族对春节贴对联，非常重视。不识字人户也贴对联，他们备办茶点午餐，请识字先生到家书写。一般都贴大红对联，有欢乐吉祥的象征。按照门窗长短裁纸，根据家庭需要，选择适当联语。他们最喜欢、最通俗的联语是以下几个。

大门：天增岁月人增寿，春满乾坤福满门。

堂门：传家有道惟存厚，处世无奇但率直；欲高门第须积德，要好儿孙必读书。

厨房：厨中百味盐为首，席上万宝米当先；书田菽粟皆珍味，性地芝兰有异香。

太阳太阴（甲马）

天地位：体天地大德，报父母深恩。

祖先牌：祖德流芳远，宗功衍庆长。

灶神：上天多奏善，达帝广言功。

畜厩门：六畜长旺，人马平安。

谷仓米箱：风调雨顺，五谷丰登。

包谷地草棚：包谷年年好，猪羊日日兴。

杂货铺：生易兴隆通四海，财源茂盛达三江。

裁缝铺：玉剪裁成双凤舞，金针引出独龙飞。

夫妻卧室：琴瑟永偕千岁乐，芝兰同介百年春。

农家历：二月春分，八月秋分，昼夜不长不短；三年一闰，五年再闰，阴阳无错无差。

中堂普遍用白纸写格言：一粥一饭，当思来处不易；半丝半缕，恒念物力维艰。新丧之家，也要贴白纸孝联，联语写：遍观天下皆春色，独有吾门守素风。他们从不同类型的联语中，表达了自己的心愿爱好。新中国成立后，增添和改写了许多热爱中国共产党，热爱祖国，热爱社会主义，歌颂新生活的联语。

送岁 贴好对联，打扫完毕，门庭内洒些松毛，日落西山，就把准备好的菜饭茶酒用托盘端着，由大人领着小孩，顺着天地、大门、灶神、祖先拜祭，燃香，烧纸，祭毕吃年饭。腊月三十晚上，老幼都要洗澡、洗脚，有守岁的习俗，其方式各家不同，有的做下春节吃的肉菜，有的围炉讲故事，有的打牌，有的看书，目的是睡得迟些。睡前要把堂门封条贴好，第二天早上起来开门，把封门条拉成两段，封门条写的是：积善堂于某年（旧年）除夕封，余庆门于某年（新年）元旦开。除夕当晚，有人将甘蔗倒竖门后，第二天早上开门前，将甘蔗倒过来，嘴里叫着："翻梢、翻梢。"希望新的一年，生活过得像甘蔗一样节节甜。

迎春 初一早上天还未亮，就有人去村边抢头水，以最先舀到清水为吉祥。人们燃鞭炮，迎喜神。当天只在家拜祖先和老人，要过年钱(俗称压岁钱)。忌到别家。

贺年 初二早饭后，由成人领着小孩，带着吃食礼品，到长辈家拜年。拜年范围是舅父、姨妈、姑妈、岳父母，同一高祖的本家长辈，长辈要给来拜年的小孩过年钱。

出行 既不拜年，也不游玩的人，初二就到田间劳动，或赶牲口到山上放牧，一定要照着历书所示喜神的方向走，以求吉祥，决不可与喜神相背而行。还要到山神土地庙里，烧香、焚纸拜祭。然后出行，以求全年清吉，一路平安。

年饭规矩 一般是初一早上吃汤圆，初二早上吃糖饵玦

祭山神

片，初三早上吃油炸糯米粉粑粑，初四早上吃肉饵丝，初五早上吃小汤圆，其余各餐不拘定。立春日春官抬着土牛，到各家庆贺，人们要给春官喜钱和饵饫。

灯会 从正月十五到二月十一晚上，村中青年组织舞狮子、耍龙灯、爬猴子的晚会，分别到各家庆贺，群众尾追参观。

狮子舞是由两人顶着篾片扎成的狮身，披上用布彩画狮身的外衣，模仿狮子动作，很熟练地摆舞；龙灯是每人抬着一个灯笼，披布画龙衣，分龙头、龙尾、龙身三部，平年十二节，闰年十三节，龙头做戏珠舞，摇来摆去，龙身、龙尾要随着摆动，自然运转；猴戏是由两人套着猴衣，照猴子样，在高十余张桌子的台架上，尾追上下，攀援跳跃，模仿猴子动作，非常机智伶俐。围观的人，看到这些绝妙的表演，以为是真龙、活狮、灵猴在跳舞，而忘却了是人装的。每个晚会，都选出一个会首，负责写贺帖，安排庆贺人家，事先准备布置，接受庆贺赏钱，管理晚会开支，每年积累，留作次年筹办晚会的基金。

新年游乐 凤羽白族除了走亲串戚，游山玩水，到县城温泉洗澡等活动外，就借赌来尝个运气，如掷骰、摇宝、打一掌、丢窝边、杀手龟、打纸牌、玩麻将等。这个习俗因政府禁止，群众反对而日渐式微。近年春节，在生活改善的基础上，开展了迎送本主，打秋千，要狮灯、龙灯、马灯，唱滇戏、演新剧，图片展览以及外出旅游等活动，

1 3
2 4

1. 祭祀供品
2. 准备过年
3. 甲马刻版
4. 宴客中的白族女子

1 2
3 4

1~2. 春节耍马舞
3. 舞龙
4. 白族无处不在的快乐

使群众文化生活进一步活跃和丰富多彩，让人们愉快地欢度佳节。

白族人常说，金窝银窝不如我的草窝。如今，除求学工作外，许多白族青年男女都喜欢外出务工，但不论走多远，春节人们都会回来过年。祭拜本主、祖先，探亲访友，参加各种丰富多彩的民俗活动，春节也就成了人们传承自己文化的美好时光。

闹春王正月

闹春王正月，白语叫“打哲旺之高”。此俗凤羽仅包大邑（起凤）和雪梨村有。白族对农历正月生女孩很高兴，称为“哲旺女”（汉译意正月女），但包大邑、雪梨村农历正月生儿子认为触犯太岁，要克生父，必须借助神力驱凶除邪。其法，当年生儿子的要出资承办驱凶除邪仪式。届时请人装扮县官、皂吏，击鼓升堂，县官手敲惊堂木，生儿子的父亲身着刑具，接受拷问。其间，县官连声怒喝，皂吏助威并用水火棍拷打一番，“雷声大雨点小”地审讯后，人们转忧为喜，敲锣打鼓地把正月子父子送回家，然后大摆宴席，亲朋好友热闹一番。与其说此俗是驱凶除邪，毋宁说是当地白族举村狂欢庆春节更贴切一些。

栽秧会

白族是种植水稻较早的民族，据《蛮书》记载:远在唐代，白族地区就普遍“业水田”，种水稻。随着水稻农事的发展，从古至今，白族人民在栽秧的第一天，就要举行别开生面的群众集会，称为“栽秧会”，俗称“开秧门”。

栽秧会是各自然村的集会，是一种与劳动生产相结合的娱乐活动，也是临时性的劳动互助形式。每当栽秧季节，几十户人家或整个村寨的人自愿组织起来，以换工或请工的方式集体栽插。开秧门这天，大家民主协商，推举出一位在村中既有威望，又善于说唱的劳动能手作为“秧官”，白语叫“子等刮”。在整个栽秧过程中,秧官的权力至高无上，他负责调派劳力、掌握进度、检查质量等全部工作，同时还在田头即兴组织娱乐活动。

栽秧开始的第一天，叫“开秧门”。这一天，栽秧会首先举行隆重的祭祀“秧旗”的仪式。清早，背秧的少女，挑秧的小伙子，敲锣鼓、吹唢呐的民乐队以及每家每户都有人聚集到村中大青树下的广场，参加祭祀秧旗的仪式。秧旗是栽秧会神圣的标志旗，旗杆一般三丈多高，用各色彩绸包裹而成，顶端饰有五彩雉尾和彩绸扎就的升、斗，以象征“五谷丰登”。旗杆中上部挂着用犬牙形白、黄布镶边的红色或蓝色的三角大旗，旁边还系有丝绸飘带、铜铃等五彩饰物。在这面美观、大方、庄严、神圣的秧旗面前，八仙桌上摆满猪头、鸡、鱼、糖果等各种祭祀供品。本村德高望重的长老向秧旗点香，敬酒，率众跪拜和祈祷后，将一面象征栽秧权力的铜锣交给秧官。秧官接过铜锣后，手捧金银纸，大声祝愿：“我是本村的秧官，手里捧满金银纸张，干馕乳扇香喷喷，两杯白酒亮汪汪，祭了秧旗去栽秧，祝愿今年稻谷丰收粮满仓。”在场群众高兴地大声应和：“谢金口。”群音刚落，只见秧官狠劲敲锣“咣”的一声，大声宣布：“开秧门啰！”群众又随声应和：“走啰！”此时，鞭炮轰鸣，锣鼓震响，在《大摆队伍》的唢呐乐曲声中，数百人的栽秧队伍浩浩荡荡地起旗出发。他们沿村陌巷道，一路吹拉弹唱地走向田间。整个祭祀活动，体现出白族人民对农业生产的无比虔诚和崇敬。

栽秧队伍来到田间，先在田埂高坡处牢牢地插好秧旗。随着秧官吟诵“五月农事忙又忙，又唱调子又插秧，栽秧当做过春节，调子稻谷堆满仓”的祝愿词后，唢呐、锣鼓齐鸣，参加插秧的妇女们，在秧官的统一调派下，纷纷下到水田里，面对秧旗一字排开，在欢快的唢呐声中投入了紧张的栽插劳动。

在栽秧的进程中，秧旗下的鼓乐队，以高亢的白族唢呐为主，配以锣鼓打击乐，吹奏《栽秧调》、《大摆队伍》、《蜜蜂过江》、《龙上天》等唢呐曲牌，音乐节奏时快时慢，时紧时松。栽秧的人们随着音乐节奏的快慢，相互展开栽秧赛。

1 2

1. 插秧队伍出发了
2. 插秧

这欢乐的乐曲不仅起着指挥、调节劳动速度的作用，还使繁重紧张的劳动在炽热欢乐的气氛中度过。而秧官在这欢乐中来回地穿梭于栽秧的妇女中，他不时敲锣，频频催栽。当发现栽插速度快，但株距行距不规整时，立即放慢锣声，妇女们马上警觉，赶紧纠正。当妇女们忙于栽秧，劳动气氛不活跃时，秧官就带头说笑逗唱，逗得妇女们笑声阵阵。当看到妇女们光顾说笑，放慢了栽秧速度时，秧官的锣声又一阵紧似一阵。这时在田埂上展开挑秧、运秧比赛的小伙子们，在奔忙中还是忘不了栽秧的金花，他们有时故意地将一捆捆秧苗丢到姑娘的身旁，秧把溅起一串串水花，伴随着一阵阵笑声。金花姑娘们也趁机将泥水泼给田埂上的阿鹏哥们，年轻人在边劳动边嬉闹中还唱起了意味深长的白族情歌，充满了田园乐趣。欢乐的栽秧会，栽下了一年一季的秧苗，也栽下了金花阿鹏一生一世的情苗。

栽秧会期间，每栽到一家，田主人都准备着以大方块的粉蒸猪肉（俗称栽秧肉）为主菜的丰盛“栽秧饭”，招待来互助的栽秧人们。饭后，田主人还要分给大家每人一把炒蚕豆，称为“洗脚豆”。据说栽秧的人吃了洗脚豆后，能去寒防病，消灾避邪。

当一天的劳动结束后，栽秧队伍在秧旗的引导下，高奏唢呐，敲锣打鼓地回村。晚上栽秧会上的乐队，在古戏台上表演吹吹腔或唱大本曲。而广场上，金花舞起了霸王鞭，阿鹏敲起了八角鼓，群众耍起了扎染龙……在欢乐的歌舞中，大家衷心祈愿四季风调雨顺，年年五谷丰登，日子红红火火。白族人民将一天的劳动汗水化作了欢腾的音符，以特有的文化方式，把紧张繁忙的生产劳动变作了欢乐愉快的盛大节日，反映了白族人民将劳动和歌舞结合在一起的特殊习俗。

田家乐

凤羽是以栽培水稻为主的地区，春播夏插秋收自然成了人们重要的农事活动。立夏前后，布谷催春，秧苗叠翠。人们开始整地放水，准备一年一度的栽插。首先同一水系的村寨总要选出德高望重的人为“秧官”，负责安排栽插，调节供水和劳力分配。栽秧活动开始，白语叫“昂止”（意为“组织栽秧活动”）。人们扎好五彩缤纷的秧旗，请好吹唢呐的艺人，有钱出钱，有力出力，鳏寡孤独家庭自然得到村民的照顾。开秧门那天，全村男女老少身着节日盛装，秧旗猎猎，唢呐高奏，人们宰猪杀羊，祭过田公地母，栽插就全面开始。白语把栽秧叫“富革”（意为“栽秧很累，叫人害怕”）；把收割叫“山巩”（意为“收获喜悦”）。但就是这种劳动强度极大的农事活动，人们在激越的唢呐声中你追我赶，在唱歌对调中驱散疲劳。其间还穿插着与秧官、与同伴开展以劳动竞技为内容的逗趣活动。邻村之间还进行饶有风趣的“抢秧旗”、“送秧旗”活动。栽插结束，还

1 2
3 4
5 6

1~6. 田家乐

田家乐

要举办“田家乐”（白语叫“尚止”,意为“解散秧事活动”），人们扮演渔、樵、耕、读等各种角色，艺术地再现各种劳动场面。其中踩马舞、霸王鞭舞、耕田送饭等节目都是源于生活，唱词对白都是当地白族耳熟能详的典故，经表演者诙谐幽默、绘声绘色的适当夸张，常常引得围观男女老少开怀大笑。在自娱自乐、欢乐祥和中祈祷五谷丰登，期盼来年再聚，这种把劳动诗化和诗化的劳动充分体现了白族人民与自然的共融共美。明代大理白族诗人杨士云在《栽罢》一诗中写道：“栽罢田头脱笠蓑，浊醪辛苦味偏多；醉余濯足盈归路，争唱田家踏踏歌。”真实地描述了“田家乐”的欢乐景象。

端午节

农历五月初五的端午节，汉族过，凤羽白族也过，但形式和内容有明显区别。

要说汉族过端午节主要为纪念屈原，颂扬他忠君爱国的精神，而白族端午节主要是突出驱邪、避灾、强身健体，至于端午节与屈原的关系，只有少数白族知识分子知道。

一年一度端午节到来之际，各家早早就备下雄黄酒，用艾蒿扎成两尊药神供在中堂祖先牌位两侧，大门上插上“白皂”枝条（白语，为“白杨树”）。小孩的帽子上缀满五颜六色的布扎老虎、包有雄黄的各种布扎菱角。女孩手上戴上五彩丝线编成的手镯，男孩领口上缝上布包的雄黄，一直要戴到农历六月二十五日火把节，才解下来丢进火把中烧化，可保一年的清吉平安。

端午节当天，大人边喝雄黄酒，边在小孩前额上点上少许，据说这样可以驱邪、避灾，可保小孩百病不生，健健康康地成长。当天，人们还吃炒蚕豆，边嚼边说咬“鬼头”。

白族人说，端午节这一天，样样都是药，连墙上剥的陈土也能入药。为什么扎艾蒿呢？当地还流传着这样一个优美的传说。

相传有两个外乡人路经白族村寨投宿，受到白族的热情款待，闲谈中，听说这两人会医术，正好这家有人正身患重病，就向他俩讨药，由于话已出口，两人也只好顺水推舟开了几剂药，但又不放心，就连夜逃走了。

第二天，这家人按方抓药，几服药服下去，病人奇迹般地好转。白族历来知恩图报，现在连客人的名字都没有留下，心中一直不安，就用艾蒿扎了两个模型供起来当药神祭祀。

清源洞会

清源洞水是凤羽河的主要水源，灌溉着凤羽坝东片的良田，所以，每年农历六月十三日，清源洞龙王会期，受益的村寨要搭台唱戏，杀猪宰鸡祭祀，远近村民扶老携幼来赶会，届时凉棚相接，买卖兴隆，热闹非常。当地百姓为感谢清源洞龙王的恩泽，自发送了很多楹联匾额，其中邑人赵定甲撰文并书丹，赵桂雄率儿孙重孙敬献的楹联寓意深刻：

千年未穷清源洞，前进亦险，退后亦险，怎一个险字了得；

洱海源头第一泉，在山也清，出山也清，全凭茬清来成全。

相传清源洞龙王还是一条扶危济困的好龙。附近村民婚

清源洞会表演

清源洞会祭龙王

丧嫁娶缺了碗盏，只要头天晚上写好要借碗盏的种类、数量，到洞口烧化后，清源洞龙王都会在第二天早上如数摆在洞口，用完只要烧化一点纸钱即可。但还是有人不讲信用，连纸钱也懒得去烧，甚至有的还借去不还，清源洞龙王才停借碗盏。

清源洞群山环抱，洞前靠山有一潭清泉，泉边有一块平坦的草甸供人们在清源洞会期娱乐。利用清源洞常年不增不减的长流水，当地还修了清源洞水电站。从清源洞出发，向东可登临苍山最高峰云弄峰，鸟瞰洱海，远眺鸡足山、玉龙雪山；向南沿着山泉叮咚、林木葱郁的水长箐，不到半天就可游览苍山一马平川的花甸坝。所以，清源洞是最具开发价值的景点之一。

霸王鞭

霸王鞭是流行于白族地区的舞蹈，凤羽是主要的流传地区，由于它道具简便易制，不择场地，人数可多可少，男女不限，因而深受白族人民喜爱，几乎各种欢乐节庆场合都伴有霸王鞭舞。

霸王鞭又叫“金钱鞭舞”、“金钱棍”，通常是选一根一米左右的竹棍，两面分段起槽，槽边挖四个或五个透明小洞，分别嵌入铜钱，作为道具。舞者手持霸王鞭，在跳跃、旋转、跪蹲、站立等舞姿中，上下左右翻飞，并以棍击掌、肘、肩、头、腿、胯、踝等部位，或击地或与他人互击，使铜钱有节奏地哗哗作响。其间还伴有背对背、心合心、脚钩脚、风穿花、对采花、五梅花、一条街、龙吐水等竞技动作和舞蹈动作。据传动作有36种之多。这既是强身健体的群众性体育活动，同时又是增添欢乐气氛的群众性集体舞。霸王鞭以其动作灵巧、变化无穷、节奏紧凑、欢快易学而久盛不衰。

霸王鞭舞

戏台

板凳戏

凤羽也和白族其他地区一样，在文昌宫或村民活动比较集中的中心地方都建有戏台。每到春节，男女老少身着节日盛装，走村串寨去看戏，小商小贩摆摊设点，青年男女交朋结友，儿童们争相挑选富有民族特色的各种玩具，台上唱着“吹吹腔”戏，台下欢声笑语，买卖兴隆，戏台周围成了欢乐的海洋。

此外，凤羽流传着别具特色的“板凳戏”。通常在结婚祝寿，盖房添丁的喜庆日子里，为了增加喜庆气氛，在正喜、上梁的前一天晚上举行。届时唱戏的、奏乐的、来参加庆贺的亲朋好友围着火盆团团而坐，一边喝酒，吃水果点心，一边听戏。戏文大都用“吹吹腔”演唱，内容多与举办的活动相联系，开始多为庆贺祝赞之辞。唱戏的多为本村和临近村寨的业余爱好者。由于贴近生活，贴近群众，不需要刻意化妆、置景，戏文又多为根据现场需要和主办者情况即席演唱，故深受群众喜爱。

火把节

火把节在凤羽起于何时，已无可考，但作为一项久盛不衰的节庆活动相沿至今。

火把节白语叫“富旺舞”(意为“六月狂欢”)、“堆灰啃”(意为“竖火把”)，有的地方又叫“搭系回”，汉语直译为“接薪火”。通常在农历六月二十五日举行。怒江白族在八日至二十日之间任选一天过节，但多半选逢“猪日”，且连热闹三个晚上。彝族火把节则在农历六月二十四日进行。作为白族传统节日之一，火把节活动丰富多彩。通常是先选一根高约数丈的松树，树身上用篾片将干柴、麦秸、松明分层捆扎，上面遍插各种彩色小旗，并用竹条系上火把梨、花红等水果，顶端由村中手艺人扎制三级彩色升斗，上面墨书“五谷丰登”、“国泰民安”、“风调雨顺”、“人寿年丰”等祈祷吉祥如意的大字。竖好后全村男女老幼集中在火把周围，等到祭祀完毕，由村中德高望重的长者点燃火把，村民们绕着火把，欢歌笑语，争抢火把上逐层烧掉下来的水果、彩旗、柴块。据说，火把上掉下来的水果可以强身健体，柴块可使家庭财源兴旺，彩旗可使家庭清吉平安，若抢到升斗，就会喜添贵子等。火把节还有女婿不到丈人家，小姑娘用凤仙花染红指甲的习俗，相传都与“火烧松明楼”故事有关①。

白族火把节，包含着丰富的文化内涵和人文精神。每当一年一度农历六月二十五日火把节来临前夕，当年生有子女的家庭负责操办火把节，人们自觉自愿地有钱出钱、有力出力，共同筹办当年的火把节。竖火把

注：

① 邆赕诏主被南诏王害死后，其妻柏节夫人在灰烬中寻找丈夫尸骨，十指都刨出了血。白族妇女在火把节那天把指甲染红，以示纪念。

火把愈烧愈旺

的当晚，全村男女老少都到火把现场，主办各家就用自备的烟、酒、糖、茶，由新生婴儿父母逐一向参加火把节盛会的男女老少，或递烟敬酒，或送糖献茶。怀抱婴儿的爷爷奶奶向邻里乡亲一一问好，邻里乡亲均表达美好的祝福，愿小孩快快长大，将来读书上进，前程似锦。一年一度的火把节成为和睦邻里、融洽乡情亲情的吉日良宵。

1	2
3	5
4	

1. 竖火把
2. 致祝词
3~4. 火把树下的白族人
5. 小火把

点燃火把树

七月十四

农历七月十五日是中元节，属道教的节日，相传是中元赦罪地官清虚大帝诞辰。这一天，众鬼获得暂时自由，所以又称鬼节。佛教徒在这一天要举行盂兰盆会。

凤羽白族也过中元节，但时间是农历七月十四日，白族称“烧包节”。

进入农历七月以后，白族人家就开始筹办过七月十四，尤其是当年失去亲人的新丧之家，更是用心准备。各地出售供七月十四烧化的各种冥衣、冥纸钱、冥衣包、甲马等的纸火摊前人头攒动，生意兴隆，人们争相采购各种七月十四所需的用品。新丧人家除自家依据逝去的或男或女购买各种冥衣，提前悬挂在堂屋四周外，主要亲属也要分别购买冥衣、冥包，贴上手写或雕版印好填上逝者名讳和送者与逝者关系、名讳后提前送到逝者的家中。对三亲六戚送来的五彩缤纷的冥衣，死者家属要依次悬挂，冥包要规整地摆在中堂的供桌上，送得越多，说明逝者亲戚众多，人丁兴旺，人际关系融洽，受人尊敬景仰。

不是新丧人家，同样要购买各种彩色绵纸，剪成各种冥衣，加上冥钱，分别装入冥包中，冥包正面有雕版印好的统一制式，并留有填上送包人名讳和被送人名讳、与送包人关系的空格，通常是“农历 ×× 年七月十四日具，资宜追修，奉祀男 ×××，近故（指新丧）或故显考（指父亲）× 公讳 ××× 魂下，敬备冥衣一件，火中化纳，伏依鉴收”等字样，背面有经咒一篇。冥衣上也要写上类似的“衣贴”，便于逝者照单收取。所有需要书写的地方，家中有识字的，要在大人的指导下，或依据家谱一丝不苟地认真书写，家中没有识字的，要礼请村中识字的人帮助书写，请人时送点糖果、烟酒之类的礼品作为酬谢。

到了七月十四日晚上，各家都要备上丰盛的晚餐，尤其是先人生前爱吃的更要悉心准备，届时祭过天地、灶神、门神后与祖宗在堂屋中共享。

新丧人家还要尽量将送过冥衣的亲戚礼请入席。待到夜深人静，祖先牌位前重新点上香烛，长辈就要求晚辈一包一包、一件一件依次诵读后，在事先准备好的容器中烧化。有的家庭还要求诵读者跪拜在祖宗灵位前，整个过程庄严肃穆。第二天早上，大人将灰倒入附近的江河中给祖先送去。

如果新丧的人属非正常死亡，即通常所说的不是在家中亲人怀中逝去，断气前没有“接气”（俗称含口钱）的，当年还要为逝去的亲人举行白语称“甲细恩”（意为接新亡的亲人）接魂仪式，即将亡者在外面漂泊的灵魂接入家中与逝去的亲人在一起。这种接灵活动十分庄重虔诚。不仅要请熟悉这种仪轨的“朵兮薄”主持，还要请和尚念经超度亡灵。除搭“奈何桥”、“芦棚”外，其间还要祭奠各种神灵，焚烧甲马安抚各相关神灵鬼魂，“接灵”后，亡命在外的亲人就可以与逝去的亲人团圆，共享子孙奉祀的香火。

七月十四日除纪念自己祖先外，有时还要到门外路边烧化香烛纸钱、冥衣冥鞋，倒冷水泡饭，让漂泊在村寨山野，没有后人祭祀的孤魂野鬼也能共享温饱。

白族在各种信仰中，突出表现为祖先崇拜和英雄崇拜。

祖先崇拜在白族地区和本主崇拜一样最具群众性和普遍性。人们相信，祖先的肉体虽然离去，但他们的灵魂与家人同在，经常在关心子孙们的生活，护佑着他们清吉平安。在白族家中，家家都设有祖宗牌位。经济条件好的家庭祖宗牌位精雕细刻，做得十分讲究。祭奠祖先，不分时日，除了农历三月清明节扫墓，农历七月中元节，农历十月上坟送寒衣，或到坟上举行祭祀活动外，平时，吃什么祭什么。白族人吃饭喜欢在堂屋，堂屋中有高低两张八仙桌，高八

虔诚祭祖

仙桌供祖先牌位，矮八仙桌用来吃饭。在高八仙桌上祭过祖先后，饭菜被端回矮八仙桌，全家人围桌而坐，祖先与家人一起享用。

平时人们对子孙的教育，都是讲先辈如何艰苦创业，勤俭持家，助人为乐，与人为善，热心公益，希望儿孙继承先辈的优良传统，使之代代相袭，丕振家声。白族也注意修谱，修谱时常将家训、治家格言，以及先辈们的文章词赋一起编入，用以教育子孙。白族认为："祖功宗德流芳远，子肖孙贤衍庆长。"只有弘扬先辈美德，福禄才会厚重绵长。

除了七月十四日祭祖外，每年清明节，白族家家都要上坟。农历十月，有条件的家庭还要到坟上给祖先送寒衣过冬。

八月十五

农历八月十五是中国传统的团圆节，凤羽白族也过，但赋予了这个节日更多的文化内涵，使它具有更鲜明的地域特色和白族特点。

早在节前数日，白族妇女就开始将上好的细麦面、薄荷晒干，准备下纯净的菜籽油、红糖、芝麻等辅料，到节前，家中的女性就开始烙月饼，先烙两个大饼，被称为“太阳”和“月亮”，再烙各式各样的小饼准备过节。

农历八月十五的晚上，如果皓月当空，全家人要在天井中摆上高八仙桌，上面陈设香烛和象征“太阳”、“月亮”的大月饼，还有小月饼及各种水果和其他供品，全家人一起祭拜天地、日月，然后才在月亮下赏月，品尝月饼和水果。如果阴雨天，就将祭祀活动安排在走廊上。

节后第二天，人们将自烙的月饼分送亲戚朋友，小学生

还要将自家月饼送给老师，老师将收到的月饼集中后与全班同学共同分享，八月十五又成了和谐人际关系、尊师重教的美好日子。

为什么在八月十五要举行祭拜天地、日月呢？这与白族对天的崇拜，对日月的崇拜分不开。在白族地区有许多“祭天”的地名。怒江勒墨人（白族支系）崇拜“干处鬼”，白语意为“高处鬼”。八月十五，丽江白族还有祭“干处”（白语意为“高处”）的习俗，“干处”有固定地点，实际上就是“祭天”。在白族人民中，月亮被视为吉祥、美好的象征，“白月亮，白姐姐”在许多童谣、儿歌中被反复咏唱。

3
1 2

1. 代写祝文
2. 选购莲池会用品
3. 月宫（甲马）

白鹤舞

春节期间，凤羽还盛行丰富多彩的民间歌舞，主要有耍龙舞、耍狮舞、踩马舞、白鹤舞、踩高跷等。通常由民间文艺传承人和爱好者自愿组队，自备道具，或到机关学校公共场所，或进入寻常百姓家，庆贺节日。唱过贺词后，围观群众则大声应和：“好、好！”表演期间，主人热情招待茶水、糖果，表演结束，主人用红纸包上“喜钱”，多少不限，以“六”为吉祥，寓意有福有禄。在这些表演中，耍鹤舞（又叫白鹤舞），最富人情味。

白鹤舞，流行于洱源和大理一带。多在春节期间和耍龙、耍狮、耍马舞一起表演。一人扮演白鹤，白鹤用竹篾扎成骨架，外糊白纸装饰成羽毛，舞者将其戴在身上，摹仿鹤行走、跳跃、张嘴、点头、摇身、展翅等，动作自然，栩栩如生；另一个头戴假面具，扮演寿星，一手拿仙纹帚，一手拿拐杖和葫芦。在热烈的唢呐和锣鼓声中，寿星摇动手中的葫芦，逗引白鹤，边舞边唱。演唱内容除对美好生活的赞颂外，还根据不同场合，即席编唱贺词。舞蹈诙谐活泼，饶有情趣，在新春佳节中，表达了人们盼望来年人寿年丰、吉祥幸福的美好愿望。

1 2

1. 白族马舞
2. 白鹤舞——百鸟朝凤

抢春水

抢春水，白语叫“抢处虚”。白族认为，一年之计在于春。新春第一天，抢到的春水，是吉祥之水，幸福之水。一般是农历大年三十晚，小孩就将装水容器装备好。第二天拂晓，小男孩嘴里喊着：“新年大吉，大吉大利！”打开大门，然后就跑到经常取水处，灌满容器后带回家。随后，大人还在经常取水处点上香烛，表示对水神的感激。

抢春水，有时还在农历“立春”举行，白族认为，“立春”是一年之首，也是一年中最大的一天，用这一天的水灌溉庄稼，庄稼就会长得好，取到这天的水回家，说明这家人勤快。当然，“抢”是象征性的，在欢声笑语中，参加抢春水的人都能如愿以偿。

尹尹悟

在洱源凤羽舍上盘白族中，还保存有别有情趣的“尹尹悟”。每年正月初五晚上，凡七至十二岁的男女儿童，以街巷为单位组成若干小队，挨门挨户去进行“尹尹悟”祝岁。无论儿童贺年队走到谁家，都会受到热情欢迎。主人将他们迎进厅堂，排好队后，领队就指挥大家齐诵：“尹尹悟！尹尹悟！新年新遂，万年万遂，尼格亥斯（白语，意为人丁健康），格歹汉非（白语，意为鸡猪饲养得好），顺顺遂遂！”主人家齐声回答：“好！好！好！”在热烈祥和的祝福声中，儿童向主人告别，主人捧出乳扇、香肠、饵饫馈赠孩子们。活动结束，孩子们聚在一起，在大人们协助下“搭拼伙”（白语，意为野餐），尽情欢乐。深夜十二点后才散去。

召嬷杲

在剑川，被列入国家重点文物保护的石宝山石窟第八窟中，与周围庄严肃穆的神像群雕形成鲜明对比的是，这里雕刻的是女性生殖器，白语叫“阿盎白”，由于前来跪拜的妇女太多，座前的石板上有两条深凹下去的痕迹，这种现象引起了中外学者们的极大兴趣，长途跋涉前来探微阐幽。

在凤羽起凤（又名包大邑）村背后，有一处形似女阴的天然石缝，白语叫“召嬷杲”（意为“崖母阴”），崇拜的多为妇女，至今香火不断。这种对女性生殖器崇拜的现象，据学者们考证，在白族其他地区也存在。这是白族对生命的渴望和尊重妇女的历史见证。在白语中，以母为尊的现象俯拾皆是。如天，叫“亥嫫”（嫫为母亲之意），地叫“纪嫫”，蜂王叫“富娥嫫”等。

召嬷杲（女阴）

据凤羽起凤村张寿培先生介绍，“召嬷杲”当地人叫“以之杲”，汉语称“荫子渊”，崇拜者多为新婚妇女，或有女无子的妇女。祭祀时不能用白色鸡，只能用乌骨鸡。平时祭奠本主，妇女们也要朝“召嬷杲”方向祭拜（因本主庙在“召嬷杲”前面）。过去曾有无名氏赋诗一首：“曲径通幽处，两峰夹一溪。洞内水滴滴，门外草萋萋。有水鱼难养，无树有鸟栖。不到三寸地，万代子孙基。”白语“以之杲”汉语可翻译为“寻找儿子的地方”。

甲马子

“甲马”，我国北方称“神马”，河北地区称“神灵马”，江苏、浙江一带称“纸马”，广州地区称“贵人”，云南各地也有不同的称谓，如“甲马子（纸）”、“纸符”、“纸火”等，最普遍的叫法是“甲马”。

凤羽的甲马既是来往于人神之间的使者，祭祀时请神驱邪，镇妖降魔，招魂送灵，祈祷平安等一切祈福禳灾的活动中，就全凭甲马把祈祷者的请求或心愿，迅速准确地传送给神灵；又是祈福纳祥的象征，在节庆期间张贴。祭祀者在使用甲马时，通常都是多种甲马搭配成组成套，少则四五张，多则十几张。绝少使用单张祭祀的现象，无论数量多少，都必须配一张单张的“甲马”。甲马种类繁多，主要有“本主”、“龙王”、“城隍”、自然崇拜、佛道神灵、祖先崇拜等形象画面。祭祀目的和范围有：祈福、驱鬼、避邪、消灾、免难、除病、进财、求学、平安、求寿、节庆、嫁娶、盖房、生育、求雨、排旱、六畜兴旺、五谷丰登、风调雨顺、家庭和睦、消解冤仇、驱蛊除毒、签约诅盟等，几乎囊括了所有的生产生活中的内容。造型取材有：人物、飞禽、走兽、昆虫、树木、花草、山石、水火、日月、星斗、雷雨、彩虹、房屋、家具、桥路、田地、农具等，包罗万象，构成了凤羽甲马内容丰富，形式多样，最具地方民族色彩

1 2

1. 甲马艺人赵龙生
2. 保平安大吉（甲马）

保平安大吉

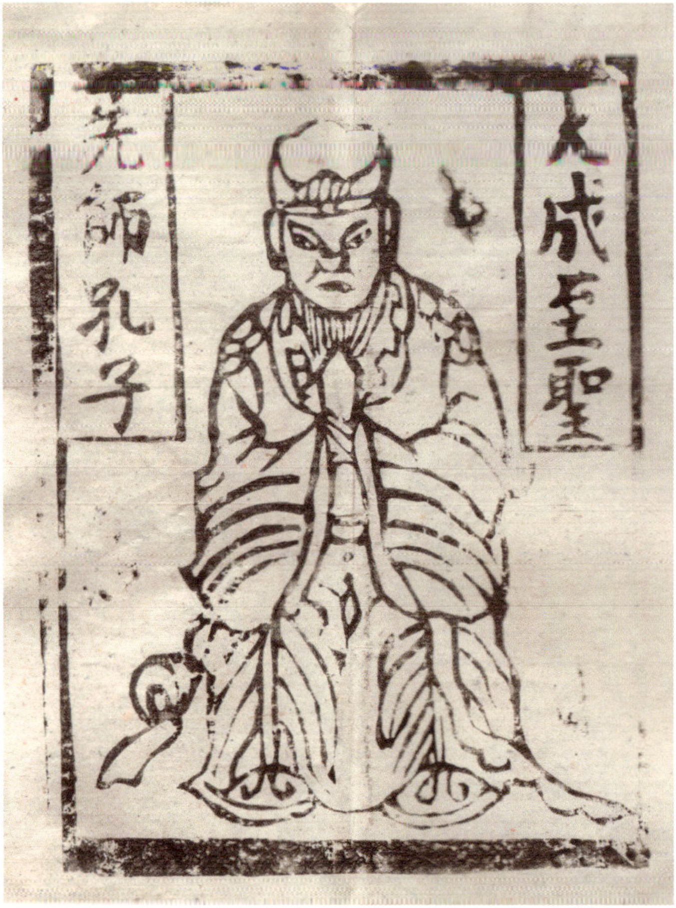

先师孔子

的个性特征。

甲马作为承载白族人民精神生活的鲜活材料，反映了人们对自然的认识，对生命的感悟。许多驱邪镇鬼、祈祥纳福的甲马是人们对美好生活向往的真实写照。甲马中“解冤结”、“口舌”等则是人们倡导和谐，处理人际关系的美好诉求。所以，加强对甲马的抢救、保护与研究，不仅具有民族学、民俗学、人类学的价值，且与我们今天构建和谐社会，弘扬中华文化，建设中华民族共同的精神家园紧密相联。

追赶甲马

婚俗

白族婚俗，在白族地区婚姻礼仪大同小异，凤羽地区至今仍保留了较多的白族古代婚俗。虽说男女青年可以自由恋爱，但结婚通常都是父母包办，大体上要有纳采、问名、纳吉、纳征、请期、亲迎等程序。

青年男女相恋，白语叫“以架尼”或“自活恩”。“以架尼”意为“求偶”或“找情人”；“自活恩”直泽为“花和柳”，亦为婚前性爱的意思。当青年男女相恋，情投意合可以告诉父母，从订婚到结婚，全由父母包办。男女双方间问题全由媒人从中沟通。媒人不分男女，只要能说会道，有保媒经验就行。白族对媒人非常尊重，有“先拜媒人，后拜母舅”，“三代不忘媒”之说。

在白族的婚俗中，自始至终贯穿着尊敬父母，追求吉祥幸福，体现和谐美满的思想。

白族订婚，生辰八字，择定的结婚日子都要用红纸包好

后送给对方，表示“和和气气”，彩礼通常要含“六”，表示“有福有禄”。婚前一晚，男方要请父母双全、耕读人家的童男睡新床，叫“压喜床”，以示吉祥。彩礼中要有专门给新娘母亲的“喂奶钱”，新娘迎出门外后，新姑爷还要专门返回给丈母娘磕头拜别，名曰“回马谢亲”。新娘进门时要跨火盆或马鞍，表示兴旺或平安。这时，有人故意在火盆里洒上辣椒面，呛得大家流泪，白语辣叫“气”，与亲谐音，表示从此后我们亲亲密密。新娘迎进门后，拜堂前要梳妆，即女子换头礼，请年高妇女为新媳妇梳头，先戴凤冠，然后换成纱帕。脚踩装满粮食的斗，寓意五谷丰登，魁星踢斗，将来子女会读书上进。斗中摆一杆秤，寓意新娘心像秤一样公平，对丈夫对父母一视同仁；又放置一把剪刀，表示新娘对爱情的忠贞不贰。

白族婚礼一般要举行三天，第一天叫“预喜”，主要是杀猪宰羊，搭彩棚，迎喜神，接月老以及布置客堂、洞房和贴对联等。

第二天为“正喜”，也叫“嫁娶日”，唢呐高奏，锣鼓喧天，或骑马或坐轿，迎亲队伍浩浩荡荡到女方家迎新娘，在完成了一系列妙趣横生的礼仪后，直到红日西下，经媒人再三催请后，新娘才依依不舍，哭泣着由其兄长背出门。新娘进门后，梳妆、拜堂、闹席、闹房，当天的仪式才算结束。

第三天叫“后喜”。清早起来，新郎新娘双双到堂前拜见父母，向族中长辈敬茶敬酒，并向小孩散发糖果。此外照例拜天地，送喜神，献本主，这些仪式做完后，大家一起吃扫厨饭，又叫“谢客”。然后撤去彩棚，归还所借桌凳，婚礼即告结束。

各地白族都有“回门”的习俗，但时间则不尽相同。有的两日后，有的五日后，也有七日后的。一般是三日后。

1 3
4
2

1. 吹树叶
2. 白族姑娘
3. 未婚妇女头饰
4. 已婚妇女头饰

这天一早，新娘由一位被认为是福气好的妇女把头梳成高高的髻，叫做“收头”，以此表示已经结过婚了。然后带着礼物，在新郎的陪伴下，双双一起回娘家。新娘手中提着一篮糖果，如花生、瓜子、水果糖之类，路上遇着熟人和小孩，就抓给一把。这天新娘家要办酒席招待女婿，女婿一一拜见岳家长辈，新婚夫妇都当日返回男家。如路远，也有住宿再回的，但不多。

白族虽主要是男娶女嫁，但也有“招姑爷”的习俗。白族招赘婚主要有两种情况，一是独女家庭，招女婿继嗣；二为女大子幼家庭，招女婿担负家务劳动，养老抚幼。

男子入赘女家后，都要改名换姓，从女方姓氏，有继承全部财产的权利，死后可以葬入女方墓地。因子幼招赘的人家，只要求其女婿暂时改名，待幼子成年后，允许其携妻儿回本家，再恢复原来姓氏。在洱源、兰坪一带，有“长子立嗣，次子归宗”的习俗，即夫妻生下的第一个儿子从母姓，继承母家的门户和产业；第二个儿子从父姓，回到祖父母家，继承父亲应得的产业。无论何种情况，女婿都

1 2 3

1~3. 白族妇女服饰

要承担起孝养父母，抚育弟妹的责任，否则，就会受到社会舆论的谴责，被认为缺乏教养，没有道德。

除嫁娶和招赘婚外，旧时，在白族中还存在有抢婚形式。出现抢婚有四种情况：一是男女私订终身后，受到女方父母或家族的阻挠，男方只好通过“抢婚”的形式完成婚礼；二是男女双方已正式订婚，在即将举行婚礼之前，女方突然变卦，男方便请人帮忙设法把姑娘抢回成亲；三是抢寡妇，这在白族地区比较普遍。抢寡妇有两种情况，一种是寡妇已有意中人，但碍于舆论压力，不敢公开改嫁，便与男方暗中议定，以抢婚的形式嫁人；另一种是寡妇本人不愿意

红鸾天喜

改嫁，但她的公婆或兄弟已接受了男方的财礼，趁妇女在外劳动或出门时，让人将她抢走。不论哪种抢婚，女人都要大声呼喊，让父母或邻居知道。抢婚，白族有一个约定俗成的规矩：不得抢未经本人或父母同意的姑娘，也不得抢有夫之妇，否则要遭到被抢者家族或村寨的集体报复。

此外，转房婚，寡妇守节在白族地区也存在，如今一

些地方史志中有关“贞妇烈女”的记载和残存的贞节牌坊、石刻，就是古代白族妇女的血泪见证。

婚姻作为维系家庭，稳定社会的重要基础，在白族和谐社会中曾经起过重要的作用。今天，随着时代的进步，科学知识的提高，像姑舅表优先婚配，以及一些繁文缛节正日渐成为历史，但白族婚姻中千百年来沉淀下来的优秀传

1 2

1. 红鸾天喜合和二仙

2. 喜神

统，仍然是我们应该继承和弘扬的。

“耕读传家，子孝孙贤”是白族人生的理想追求。白族地区，历史上也曾有过父子连名的制度，这从史籍和碑刻、族谱中可以找到证据。从梁建方《西洱河风土记》中记载的“无大君长，有数十姓，以杨、李、赵、董为名家”，这些大姓，今天仍遍布大理境内。白族虽然也有宗族存在，通常由辈分高、年纪大、办事公道、德高望重的男性长者担任族长，在调解族内纠纷，管理公共财产，主持宗教活动，举办祭祖仪式，处理对外事务中发挥作用。但通常都是以家庭为基本的社会单元。在白族地区，单姓氏组成的村落并不多，平时人们更多的不是注重同姓同宗，而是认为远亲不抵近邻，和睦邻里才是最重要的，这也许是白族社会和谐的重要原因之一。

白族家庭通常都是以三代同堂，四代同堂为幸福。由于四代同堂比较少见，所以，这样的家庭常常将曾孙辈取名“四代”，以示自豪。

白族非常尊师重教，逢年过节，都以能请到老师做客为荣耀。中秋佳节，父母总是让子女带上最好的月饼第二天上学时送给老师。平时盖房添丁，都要请老师帮忙抬大梁（寓意文状元），或为小孩赐名。白族最重视对子女的教育，子女知书达理，别人不说子女本人，而是说某某家娃娃教育得好。子女不争气或做了违法乱纪的事，父母就深感愧疚，觉得在乡邻们面前抬不起头，这种良好的育人氛围是白族社会风淳俗美的外部条件。白族人说，一个美满的家庭，应该有三声，即老人咳嗽声，小娃娃哭声，夫妻的拌嘴声，这是白族对美好家庭最形象的注脚。

需要指出的是，在白族家庭中，妇女受到普遍的尊重。即使在旧时，白族妇女很少有裹小脚、做妾、做婢女的，

四代同堂

她们和男子一样，承担着繁重的家务劳动，上山能赶马，下地能扶犁，孝养父母，抚育子女。难怪在白族地区，对观音老母的崇拜超过佛祖释迦牟尼，她的慈悲善良，扶危济困，端庄贤淑，活脱脱就是白族妇女的形象。

婚姻是家庭的基础，家庭是社会的细胞，只有基础牢固，细胞健康，社会才能稳定和谐。白族的婚姻家庭关系经过历史的长期取舍，形成了与白族和谐社会相适应的许多积极“元素”，它们有的已被学者们总结，有的还有待于深入发掘。深入开展这一领域的研究，彰显白族婚姻家庭中的优秀成分，并赋以与时俱进的时代内涵，无疑对我们今天构建和谐社会具有积极的现实意义和深远影响。

丧俗

丧葬在人生礼仪中与人们对生命的祈盼，隆重庆贺人的诞生一样重要。由于各民族的生存环境不同，宗教信仰有别，对生命的感悟各异，反映在丧葬方式上就有火葬、土葬、水葬、天葬、岩葬、悬棺葬、树葬等多种方式。

白族的丧葬习俗，经历了由土葬到火葬，又回到土葬的变迁。这主要是南诏中后期，白族地区佛教鼎盛，而明初大量汉族移民进入，中央王朝又厉行移风易俗的缘故。唐梁建方在《西洱河风土记》中谈到洱海区域丧俗时写道："至于死丧哭泣，棺椁袭殓无不毕具。三年之内，穿地为坎，殡于舍侧，上作小屋，三年而后出而葬之，蠡蚌封棺，令其耐湿，豪富者杀马牛祭祀，亲戚必会，皆赍牛酒助焉，多者至数百人。"樊绰《蛮书》中也有记载："西爨及百蛮死后，三日内埋殡，依汉法为墓。稍富室广栽杉松。蒙舍及诸乌蛮不墓葬。凡死后三日焚尸，其余灰烬，掩以土壤，唯收两耳。"南诏建立后，这一地区的居民笃信阿吒力教，盛行火葬，白语叫"素烧"（意为烧埋）。

凤羽的葬仪礼俗繁多，可分为送终、守灵、出殡、安葬四个程序。细分则有初丧、喜丧、接气、寿衣、寿房、报丧、择吉、停尸、守灵、吊唁、祭奠、闹丧、点主、出殡、择

地安葬、问先灵等。

凤羽人民纯朴善良，恪守传统礼仪。当家中老人病重弥留之际，儿女们要轮流坐在病床上将老人抱在怀里，在老人行将断气时，要用小红吊袋将包好的碎银、米粒、茶叶少许放入口中，名为“接气”。本来人死是一件十分悲伤的事，但凤羽人对年长去世老人，常将丧事办成“白喜事”，照样杀猪宰羊，大宴宾客。遇上年逾古稀的老人，来宾还将碗“偷”回去，认为吉利。过去活到五六十岁，不管身体是否健康，只要经济条件许可，子女都要为其备下寿房（棺材）、喜井（墓穴）。人们认为这样做才是有孝心。有条件的还把墓做得很讲究，认为坟墓做得壮观，就像生前住大瓦屋；坟墓简陋，就像生前往茅草房。

凤羽称“入殓”为“尼瓜”（白语，意为“入棺”）。入

1 2 3

1. 铜鼓
2. 火葬罐
3. 送葬

1

2

1. 彩扑（白语）

2. 白语悼词

棺前要洗尸身、整容，入棺后揭去脸上白纸，让亲属最后看一眼，但不能哭泣，以防眼泪掉入棺内。入殓后，死者不能及时下葬，需要择日子的，有时要停上好几天。这段期间，子女分别坐卧在棺材两边铺着的稻草上，晨鸡叫就要哭丧。这期间，亲戚朋友还要吊唁，白语叫“便西”，即问吊之意。出殡前夕，还要举行“点主”仪式。由死者直系血亲中最小一代的大儿子，捧着死者的灵牌，端坐在灵前，其余孝子，包括捧灵者长辈都要跪在灵牌前磕头，然后由主祭人（多为德高望重老人）用针刺破捧灵者右手中指（也有刺死者长子的），并将滴出的血点到灵牌上。点过之后，死者牌位就“灵”了，可供入祖宗牌位之列。

在老人停柩期间，还要请和尚念经。请当地的手工艺人用纸扎“彩圤”、“彩伞”，即挽幛、钱伞；狮、象、鹿、马、金山、银山、金童、玉女，以便下葬时烧化。“彩圤”出殡时由女婿打着，不能打歪，否则，负责抬柩的人到坟上有权惩罚。但女婿一般都事先备下几包烟，到坟上，团团作揖致歉，并敬上香烟，与人为善的白族人通常也就将惩罚变成象征意义的逗趣了。

出殡是丧葬仪式中最隆重的环节。出殡前先要“出白”，即先将挽幛送到村旁停柩的地方竖好。出殡前要最后一次祭奠，司仪高喊起灵，这时有一人将棺材上装有冷水饭的碗劈碎，人们齐声高呼“起”。出殡队伍在引魂幡的导引下，依次按铭旌、挽幛、纸活、乐队、孝子孝眷、送殡者、灵柩顺序缓缓而行，遇有桥，孝子们要跪下，让棺材从身上抬过，以报父母养育之恩。到了送客坪，送殡队伍可以稍事休息，大儿媳在灵柩重新抬起时，在原停放的中间埋一个鸡蛋，女眷就返回，只有男人才能送到坟上，直至下葬完毕。下葬又叫“安葬”，自然也有一番仪式，直到最后一

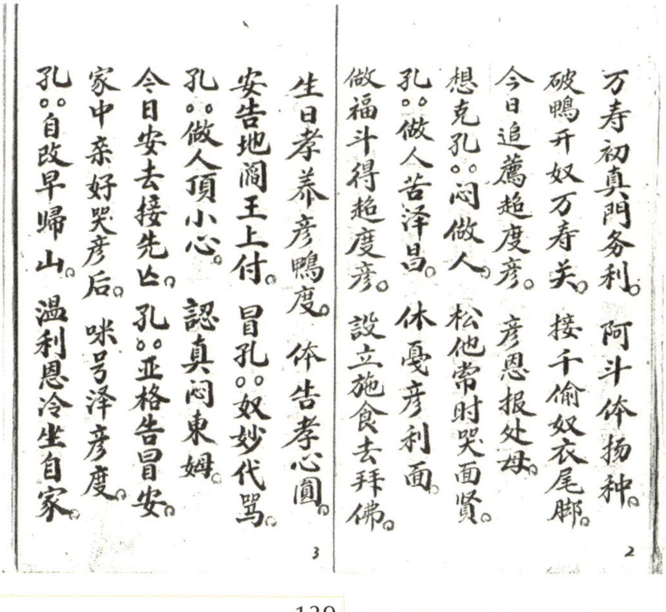
万寿初真門务利。阿斗体扬神。
破鴨开奴万寿关。接千偷奴衣尾脚。
今日追薦超度彦。彦恩报处母。
想克孔。。闷做人。松他常时哭面贤。
孔。。做人苦泽昌。休憂彦利面。
做福斗得超度彦。設立施食去拜佛。
2
生日孝养彦鴨度。体告孝心圓。
安告地阎王上付。冒孔。。奴妙代骂。
孔。。做人須小心。認真闷東姆。
今日安去接先亾。孔。。亚格告冒安。
家中来好哭彦后。咪号泽彦度。
孔。。自改早归山。温利恩冷坐自家。
3

木刻祖先像

道“安龙谢土”，人们在新土上用柏枝洒上洁净水，有时还伴有念经，整个殡葬才算结束。

葬后七天，儿孙们每天早上都要到坟山烧香，以防野兽和人为破坏。第一个清明节称为上新坟，亲戚朋友都要请到，至亲好友还要自备公鸡、香烛。人们相信，老人虽然回去了（白语叫“归舍”，意为“成仙”），但他永远和我们在一起，与我们一起分享快乐和忧愁。对此，英国人类学家费子智在参加了大理白族上坟后有一段生动的描述：“民家（笔者注即白族）上坟的气氛决非那么庄严肃穆，不像西方那样对坟墓有恐惧和敬畏的感觉。空旷的山野，坟墓散布在松树林和岩石中，并不让人感到阴森可怕，完全没有西方坟墓那种半掩半映让人生厌的感觉。孩子们随意在他们祖先坟墓之间奔跑玩耍，成人则躺在墓碑的阴影下乘凉或背靠着坟墩休息，气氛显得自然，欢快，亲密。”洱源凤羽至今仍然如此。

亲人去世后，为了寄托对亲人的哀思，关心亲人在天国生活得怎么样，凤羽还有“编细恩舍”（白语，意为“问祖先灵”）的习俗。通常由妇女们结伴，带上亲人生前喜欢吃的东西，找当地或外地来的“舍之舍女”（白语，意为“男女朵兮薄”）询问逝去亲人的情况，说到动情处，问灵者常常泣不成声。

祖先崇拜在凤羽地区和本主崇拜一样最具群众性和普遍性。人们相信，祖先的肉体虽然离去，但他们的灵魂与家人同在，经常在关心子孙们的生活，护佑着他们清吉平安。在家中，家家都设有祖宗牌位。经济条件好的家庭祖宗牌被精雕细刻，做得十分讲究。祭奠祖先，不分时日，除了农历三月清明节扫墓，农历七月十四烧包节，农历十月上坟送寒衣分别到坟上或家里举办大行祭祀活动外，平时，吃什么祭什么。凤羽人吃饭喜欢在堂屋，堂屋中有高低两张八仙桌，高八仙桌供祖先牌位，矮八仙桌用来吃饭。在高八仙桌上祭过祖先后，饭菜被端回矮八仙桌，全家人围桌而坐，象征祖先与家人一起享用。

与其他地区相比，凤羽不太重视祠祭。宗族在凤羽白族地区比较淡薄，人们主要以家庭为单位融入社会。平时人们对子孙的教育，都是讲先辈如何艰苦创业，勤俭持家，助人为乐，与人为善，热心公益，希望儿孙继承先辈的优良传统，使之代代相传。凤羽白族也注意修谱，修谱时常将家训、治家格言、先辈们的文章词赋一起编入，用以教育子孙。所以在凤羽地区，很少有宗族之间的械斗或宗族把持基层政权，为非作歹的现象。旧时，许多村寨都有各自的村规民约，违反了通常都在各村的文昌宫里接受惩罚。平时族祭，逢年过节举办娱乐活动，也都在文昌宫内举行，很少有按姓氏建立的宗族祠堂。人们认为："祖功宗德流芳远，子肖孙贤衍庆长。"只有弘扬先辈美德，福禄才会厚重绵长。人们常说："处个好邻居，强过冬天穿棉袄。"将和睦邻里看得很重。这与我们今天强调构建和谐社会是一致的，加强这方面的研究，以便弘扬其中的积极因素为现实服务。

三教同辉

风羽作为茶马古道上的重镇，各种马帮南来北往，东来西去，不仅驮载着茶、盐、药材、百货，而且使各种文化在这里交汇、融合，这在宗教信仰和寺庙建筑中反映尤为突出。

鹤林寺

鹤林寺是凤羽重要古寺之一。它坐落在凤羽坝南端形似白鹤的鹤林山上。建庙时间已不可考，据《洱源县志》载，明洪武年间重修。《大理府志》有“落成之日，白鹤翔集，故名”的记载。说明年代已经很久远。鹤林寺依山脊而建，

鹤林寺过殿

一进山门是天王殿，天王殿对面是坐南朝北的大雄宝殿。大雄宝殿西侧厢房供奉的是美若天仙的白族女子，白语称“者益嫫”，旁边立着手持船桨，身材魁伟，身着黑衣、赤足，裤脚高卷的艄公——拨八。

相传该女子是赵善政的妹妹（一说是遵赕诏主夫人柏节）。杨干贞废赵善政并灭“大天兴国”后，赵善政的妹妹逃难到凤羽，受阻于凤羽湖，许诺只要拨八摆渡她过凤羽

凤羽镇

鹤林寺

瑶

1 2 1. 鹤林寺牌匾 2. 鹤林寺神祇

鹤林寺大殿

湖就做他的妻子。过湖后她一溜烟奔到鹤林寺化为神，拨八一路追来后气死在她旁边。与人为善的白族人民干脆把拨八也塑在她旁边共享一堂香火。

转过大雄宝殿东侧门就看见建在人造土丘上的玉皇阁，拾级而上可看见端坐在里面的玉皇大帝。从玉皇阁侧边而过就到了被称为“瑶池胜境”的最后一院。前院南侧还供有孔子、太上老君等神祇，这就是典型的白族寺庙格局。这里神与神之间，人与神之间没有“惟我独尊”的你争我夺；没有尊卑贵贱的钩心斗角。有的只是在蓝天白云下、绿树鲜花丛中的和谐共处。明弘治己未进士、御史邓川人杨南金《游鹤林寺》诗写道：“西隔苍山第一重，丛林突兀入层空。峰头云巢梵王阁，洞口路迷神女宫。碧眼岂知非傲吏，赤松谁信是仙翁。扶筇绝顶归来晚，光照前溪月正中。”

帝释山

帝释山寺观群坐落在罗坪山麓，凤翔村西。始建于元代，明代、清代曾两次重修，民国十三年（1924）又维修，是凤羽规模宏大的寺观群落。20 世纪 70 年代末，除观音寺外，其他寺院大多毁坏。80 年代至 90 年代，当地群众集资逐年修复。先后维修了龙王庙、大觉寺、圣母阁、观音寺、九莲寺、玉皇阁等。这些建筑大多为土木结构。寺院内存有明万历四十五年（1617）《重修碑记》和民国十三年（1924）《重建观音阁碑序》两块碑。据传，明高僧心明、担当和尚曾到帝释山讲经说法，徐霞客、杨升庵、李元阳等名流都曾到过此地游览。观音寺楹联写道：

帝释山

七里丛林，早萃斯梵影风光，忆昔心明和尚讲经、担当驻驿，庄道炼丹，升庵抒怀吟咏，中溪佳句唱酬，前不见古人，却向此间留仙迹；

千年往事，付烟消残篇断简，独传大士化身泄湖，凤凰遗羽，蒙段设县，白王殖牧屯田，霞客访胜寻幽，沧桑堪感慨，认把疑难究委源。

帝释山寺观群坐落在青石江、白石江之间，白石江上彩凤桥、猿梯瀑都在同一区域，是最具开发前景的旅游胜地。

帝释山

三教宫

三教宫因殿内同排塑有太上老君、释迦牟尼、孔子而得名，是最具白族宗教信仰特色的寺观建筑。三教宫为清代重檐歇山殿阁式建筑，前有一戏台，呈凸字形。戏台下为水池，池三面围有大理石围栏，东边是一高两低的照壁，两边开卷门，外院有南北厢房。整座三教宫建筑精美，别具特色。这里曾为凤翔中学所在，现学校已搬迁重建，三教宫正逐渐恢复原貌。三教宫廊柱和大门上开宗明义地书联：

三教本同源，儒释道任谁行深股若，无非孝悌忠信；
万法原归宗，智仁勇若登摩诃波罗，且从感应慈悲。

三教本同源，儒释道开明宇宙咸觉路；
万法原归宗，智仁勇常留天地不老春。

三教同源，儒释道咸开觉路；
十方是佛，天地人六合同春。

三教宫

灵鹫寺

灵鹫寺大殿

灵鹫寺坐落在起凤村西南华聪山麓。灵鹫寺实为一组东西向建筑群。从东到西依次有照壁、山门、观音寺、中殿、玉皇阁。观音寺为单檐歇山式建筑，檐下为木雕垂花构件斗拱，斗拱、檐枋、雀替等雕刻精美，檐下和额枋上隔板绘有精美人物图画。中殿为二重檐歇山殿阁式建筑。玉皇阁为三重檐歇山顶阁楼式建筑。整组建筑群庄严古朴，错落有致。

灵鹫寺始建于唐代，明代三次重修，清光绪年间又重建。寺内存有明弘治辛亥（1491）春三月立的《灵鹫寺碑》。

对于灵鹫寺的建寺缘起，还有这样优美的传说。相传建寺前当地百姓为驱除灾害疾病，到此处烧香祈祷，灵效颇验，遂建草房数间，香火日炽。诸葛亮南征时，四擒孟获后，孟获不知所往。诸葛亮屯兵现灵鹫寺，夜梦神人告之孟获潜伏在滇河的东山岩，遂擒之。诸葛亮感神昭示，拨银修庙，因见山形如丹凤冲霄，故名灵鹫寺，从此后，灵鹫寺日益兴盛。

凤鹤寺

地藏寺

1 2 3

1. 地藏王（甲马）
2. 灵鹫寺记
3. 留佛双塔

在凤羽坝南端，有一条大路从东南直达西北的凤羽街（舍盘上），大涧河则从西南向东北流去。在路、河交汇处的义和村旁，坐落着地藏寺。寺中除供奉地藏菩萨外，还绘有十八层地狱。两边书联：

书不尽言，绘出阴司警阳世；
教亦多术，刻来古像化今人。

忠臣孝子出入是门无愧色，
义夫节妇往来此地有和颜。

留佛塔

在凤翔村东的“官道”旁，坐落着两座高约 4 米的双塔，当地称为“留佛塔”。相传人们希望一年四季风调雨顺，人畜安康，五谷丰登，就从佛堂村请来佛母，保佑乡民。然而，佛母思念故土，经常逃回老家。后经高僧指点，人们建此二塔留住佛母，故名“留佛塔”。两塔外体形状源于 19 世纪的喇嘛塔，是大理地区仅存的两座喇嘛塔。两塔基座为多边形须弥式基座，其中一塔为两台基座，另一座为一台基座。塔身下部束收，上部鼓圆，塔刹由两个大小不等的圆体重叠而成，刹杆较矮。两塔古朴、敦厚，与村镇布局协调一致，具有明显的风水塔性质。

镇风塔

镇风塔建在与鹤林寺隔箐相望的山梁，山梁的西麓是大涧河、大涧箐。大涧箐位于凤羽坝西南，是凤羽坝的主要风源口，常年刮风不断，若风大，就直接影响大涧河上中游义和、白米等村的庄稼，故建塔镇之。原塔已毁，现在的镇风塔是邑人赵植熊主持重修的。

镇蝗塔

镇蝗塔坐落在凤羽坝江登村东天马山，全用石头建成，塔高 10 米，呈四方形，通体无檐，底部长、宽各 1.5 米，塔刹从塔基向上逐渐收缩，至顶为尖状。

据《凤羽志初稿》载，此塔建于后晋天福元年（937）。此间林木葱茏，塔附近有大佛寺。塔下有烈女泉，相传是杨干贞被段思平灭亡后，其妻潜藏在大佛寺，后被俘，不屈，用铜尖刀自尽。当时她泪如雨下，泪滴处有泉涌出。若置铜器于其中，风雨即到，故名烈女泉。塔封号为“天马山烈女泉法身舍利子无量镇蝗宝塔舍莲下”。称它为镇蝗塔，相传此塔落成后，凤羽坝即无蝗害。

镇蝗塔

文笔塔

魁神之神

文笔塔位于凤羽东山之巅，是一座较为典型的风水塔，完全用石块砌成，塔身四方形，通体无檐，高约15米。从塔基向上逐渐收缩，至顶为一尖状。据民间传说，凤羽北面的茈碧湖似一砚池，此塔建成后，凤羽历代文人辈出。传说反映出了凤羽重视教育的优良传统。

除以上简要介绍的文物古迹外，凤羽还有文庙、武庙、清静寺、端元寺、积庆寺、玉皇阁、魁阁、火葬墓群、诸宝塔、凤翔书院、起凤书院，各村还有文昌宫、本主庙等，此外，凤翔村的14院明清住宅，至今仍保存完好。在这不大的区域内，荟萃如此众多的文物古迹，说明凤羽历史悠久，文化底蕴深厚。

1 2

1. 本主庙是白族人常去的地方　2. 灵鹫寺玉皇阁

关圣宫碑记

人物

风羽是一个出人才的地方，历代出了不少文化名人，其中有清代著名诗人赵辉璧，我党早期无产阶级革命家施介，当代著名学者张文勋、杨亮才等。

赵辉璧

赵辉璧（1789~？），洱源县凤羽舍上盘（今凤翔村）人，白族，字子谷，又字蔺完，号苍岩居士。相传是后唐时大天兴国国王赵善政的后裔，清朝著名的爱国诗人，是白族中领一代风骚的才子。清道光六年(1826)进士，历任安徽全椒县、山西临县知县，后因病归故里。其著述颇多，有《古香书屋诗钞》十二卷、《古香书屋文钞》二卷。其作品题材广泛，内容精湛，对封建社会的腐朽统治者与反动的外国殖民主义侵略者进行了讽刺和抨击。其撰写的《读诗管见》是一部关于诗歌的理论著作，为同朝学子们所称赞，对今日的诗歌爱好者依然有极大的参考价值。他的代表诗文已收入大理白族自治州白族文化研究所编辑出版的《情系大理·白族历代作家丛书·赵辉璧卷》。

赵辉璧墓坐落在罗坪山麓，至今保存完好。

施介

施介，原名施汝显，白族，1909年出生在云南省洱源县凤羽舍上盘一户农民家庭。早年就读于云南省立大理师范。1928年，施介秘密加入中国共产党。1932年冬，施介因组织和领导省立第一师范学生反对校方克扣学生伙食费和庇护“不称职”教师罢课，被学校开除。1935年秋，施介到阿米（开远市）县立中学任教，创办《心声》杂志并担任主编，秘密传播革命思想，宣传党的抗日救亡主张。1937年11月，施介参与领导滇越铁路工人大罢工。1938年春，他进入延安抗日军政大学学习。施介从抗大毕业后，任中共中央组织部总务处长，1940年调任陕北公学（中国人民大学前身）任教务处处长，1941年起任延安大学党总支书记。

1945年10月，为开辟和建立东北革命根据地，施介到达辽西，先后任阜新地委（热辽边地委）组织部长、哲里木盟地委组织部长兼通辽县委书记、“长江骑兵团”政治部主任。在施介等人的领导下，很快打开了局面，使党组织和革命武装在广大草原扎下了根。1947年9月18日，施介因积劳成疾不幸逝世，时年38岁。为了纪念施介烈士，哲里木盟地委、政府所在地通辽的一些机关、街道、学校、工厂、医院、商店用“施介”命名。多年来，虽经多次区域调整和机构变更，至今仍有数十个地区或单位用其名字命名。施介用闪光的人生历程，在西辽河畔蒙汉各族人民心中树立了永远的丰碑。

1. 施介故居西主房窗饰
2. 施介故居西主房中堂木雕隔子门

张文勋

张文勋，1926生，白族，云南大理洱源凤羽包大邑人。著名学者，教授，文艺理论家，中共党员。

1948年张文勋考入云南大学中文系，师从刘文典、刘尧民等诸位先生。1954 ~ 1956年就读于北京大学中文系文艺理论进修班。历任云南大学中文系文艺理论教研室主任、系主任、教授，云南大学西南边疆民族经济文化研究中心主任，云南大学文科学术委员会主任、学位委员会副主任，云南大学文学院荣誉教授。曾担任中国文心雕龙学会副会长，任云南省诗词学会会长，现为云南诗词学会终身名誉会长。

曾多次参加国际学术会议并赴美国斯坦福大学和香港中文大学讲学，1989年曾被评为全国教育系统劳动模范，有突出贡献专业技术人才，享受政府特殊津贴，获云南省兴滇人才奖。1983年加入中国作家协会。

笔名秋云、泥子。专著《华夏文化与审美意识》、《儒道佛美学思想探索》均获云南社科优秀成果一等奖。著有专著《中国古代文学理论论稿》、《诗词审美》、《刘勰的文学史论》、《文心雕龙探秘》等十余种，诗集《风樵诗词》，主编《白族文学史》、《民族文化学》、《滇文化与民族审美》、《民族审美文化》，发表诗歌、小说、散文、评论、论文百余篇。有《张文勋文集》六卷行世。

杨亮才

杨亮才，1933年生于洱源凤羽白米庄。白族。作家，民间文艺研究家，中共党员。

少年时期在家乡度过。1949年参加革命工作，历任小学教师，县文教科长，《民间文学》编辑，中国民间文艺研究会秘书，文化部艺术研究院秘书，中国民间文艺研究会恢复筹备领导小组成员，中国民间文艺出版社社长、总编辑，《民俗》主编，中国民间文艺家协会党组成员、书记处书记，中国文联第四、五届全国委员，中国少数民族文学学会副理事长，中国少数民族作家学会常务副会长，中国大众文学学会常务副秘书长等。现任中国民间文化遗产抢救工程专家委员会委员、《中国民间故事全书》执行总主编、中国茶马古道研究中心常务副主任等。

1957年开始发表作品。1985年加入中国作家协会。作品《杜文秀的故事》获全国首届民间文学三等奖，《中国民间文艺辞典》获甘肃省第二届优秀图书奖，《谚海》获北方十三省市首届民间文学作品评选一等奖。

著有评论集《鼓吹集》《守望民间的人们》，长篇小说《血盟》，中篇小说《当归》，散文集《亮才散文》、《美女部落》、《当代白族作家丛书·杨亮才卷》，专著《中国少数民族文学》（合作）、《云南民俗》（合作），记录整理《白族民歌集》、《白族民间故事传说集》、《白族民间叙事诗集》（以上三书均合作），编著《笑薮》、《中华语典》等。

风味特产

小白糖

凤羽小白糖以凤羽优质糯米为原料，采用传统手法经过特殊工艺制作而成。其色白如雪，质地柔软而坚脆，富含麦芽糖质，一般成饼状。取食时，或以硬物轻击之，则龟裂成小块，分食之；或以火烤之，待稍溶，以手轻拉，如丝如缕，随食随拉。含糖在口，香甜柔软，耐人咀嚼，满口生津。本品营养丰富，易于吸收，且有止渴益肺之功效。既是小孩喜食的美味，又是馈赠亲友的佳品，中央电视台还为此制作专门节目予以推介。

炖梅、杨梅酱

凤羽盛产梅子，做成炖梅深受人们喜爱，且具有消炎清火疗效。炎炎夏日，端一碗炖梅，撒上少许白糖待客，别有一番风味，但凤羽人更青睐的是杨梅酱。

杨梅酱采自山上野生的杨梅，采摘后用火慢慢熬制而成，初时呈橘红色，时间长了就变成黑色，用来做酸汤，又酸又香，且经久不变质。内服清咽利喉，消炎杀菌效果优于炖梅。过去缺医少药，牙疼、扁桃体炎，常将杨梅酱糊在纸上贴于患处，效果立显，杨梅酱拌以羊生肴，是到凤羽不能不品尝的美味佳肴。

糯米血肠

春节期间，凤羽人都要宰杀年猪，届时将猪大肠洗净，灌以草果、花椒、八角、盐巴等作料相拌的糯米饭，然后，横扎在竹竿上高挂晾干。品尝时把糯米血肠放在甑子内蒸熟，切片后就可食用，香甜，油而不腻，十分可口。

1
2
1. 街头小吃（凉豆粉） 2. 制作豆粉皮

酸肝

酸肝在白族地区颇具特色，可谓风味佳肴，凤羽酸肝更受食客青睐。做时取猪肝的全肝（破碎容易漏气，吹不胀），用 截空心管插入肝中，将早已备好的杨梅水，加入草果、茴香粉、花椒、精盐、油辣子面后吹入肝内。吹气时，边吹边轻轻拍打猪肝，吹胀后用线扎紧肝管，挂在背阴处晾干，吃时放入锅内炖或蒸熟，切成薄片食用。酸肝香甜酸具备，到口里一嚼，香酸香酸，让人食欲倍增。

羊生肴

凤羽人喜食生，但绝非茹毛饮血，而是很考究的风味食品。与吃“害肴”（白语，即生猪肉）一样，凤羽白族还吃“咬害肴”（白语，意为生羊肉）。其法，将羊杀死后，破肚去掉内脏，在肚内塞满香椿叶、花椒叶、香缘叶等有香味的树叶，再缝合起。先用火烧烤去毛，然后在炭火上慢慢烧烤，边烧边涂上香油。吃时，蘸上用杨梅酱、蒜泥、花椒、油辣子、精盐做成的蘸水。当地人认为，羊生肴能驱除体内寒气，可强身健体。如今，“烤全羊”已遍布大理城乡，但凤羽“羊生肴”仍有别具一格的风味。

菜籽油

凤羽盛产油菜，且因当地土地肥沃，水质优良，加之农户主要用农家肥（有机肥）种植，所以，凤羽菜籽油色泽清亮，质地纯，易贮存，保质期长，深受消费者青睐。目前，已渐成品牌，畅销各地，同时是游客到凤羽后首选的特产。

凤羽砚

凤羽砚产于神奇的鸟吊山，砚色墨黑纯净，光泽深沉，质地细腻柔韧，具有磨墨匀细、涵养水分、存墨不腐、墨色鲜亮的特点。凤羽砚工艺精湛，图案生动，产品驰名遐迩，曾荣获大理白族自治州地方产品“金花奖”。其系列产品“九龙砚”、“龙凤呈祥”和“二龙抢宝”三砚珍藏于世博园中国馆中。因凤羽砚雅而质优，常常作为馈赠的礼品。

1
2

1. 制砚
2. 凤羽九龙砚

趣闻轶事

中国民间文化遗产抢救工程
THE PROJECT TO CHINESE FOLK CULTURAL HERITAGES

观音脚印

在凤羽凤翔元上充一条水沟的石头上，有长约一尺的大脚印，脚趾鲜明，在官路充西北角路边也有脚印，当地人传说，这是观音大士由北跨南时留下的脚印。

观音菩萨（甲马）

血水河（又名“金钥匙”）

古墙在，人已非

凤羽东南角有个叫蜂子洞的地方盛产银。相传吴新爷到这里开矿，可是挖了很久都没有挖到，最后连买粮食的钱都没有了，吴新爷只好做豆腐给民工吃。民工很气愤，认为吴新爷亏待他们，后来发现吴新爷自己只吃豆腐渣，觉得吴新爷心还是好的。但总挖不出银也不是办法，后来吴新爷做了一个梦，梦见有人告诉他：金钥匙开银锁门，头戴铁帽手打旗。

有一天，吴新爷正坐着发闷，见一牧童头戴小铁锅，手里的木棍挑着外衣，吴新爷心有所动，连忙问牧童：“你从哪里来？姓什么？”牧童答：“我姓金。”吴新爷猛然醒悟，诚心诚意地请教牧童，什么地方可以挖出银子。牧童随口答道：“从我屁股底下挖。”结果，果然挖出许多银子。

银子越挖越多，民工们越挖越起劲。观音预感到矿洞要塌方，就用竹篮装水背了篮活鱼来洞口叫卖。消息传到洞内，一部分人觉得新奇，就跑出来看，一些人不相信，忙于挖银子，结果被压死在洞内，血水流出处，被当地人称为“血水河”。

清澈见底的水潭随处可见

在凤羽西北的台地上，有两个自然村：庄上、南林。相传大理国国王段思平曾经在这里养过病，所以有关白王的传说很多，如白王尝盘、白王洗马塘等。《洱源县志》就有

“在治西南三十里，南林有一泉，俗呼为龙马泉，旁有一大石，上有马蹄迹”的记载。

琵琶果对杵臼花

凤羽包大邑出了个张魁士，他自幼聪颖，长大后学成满肚子学问，但因为他生性耿直，不愿吹牛拍马，所以百姓喜欢他，官府却嫉恨他。

有一天，张魁士看见一私塾老师给学生出了“琵琶果”上联后就做客去了。学生们冥思苦想，就是对不出下联。张魁士正好路过，看看老师写的都是别字，就随手教学生对上“杵臼花”。

老师酒足饭饱，返回学堂检查学生作业，一看是“杵臼花”，直气得翻白眼，声色俱厉地问学生是谁教的，大家异口同声说是张魁士。

老师把张魁士找来质问为什么对“杵臼花”，张魁士不慌不忙地说：“这琵琶不比那枇杷，你的琵琶结得果，我的杵臼开得花。”老师一下子被羞得面红耳赤。

误事街

张魁士见不得官府欺压百姓，常常冷嘲热讽，讥笑官府。相传当时浪穹知县姓朱，邓川州官姓杨，大理知府姓汤，张魁士就编了顺口溜：“先宰猪、后杀羊，煮成一锅汤。”官府听了，直恨得咬牙切齿。最后，终于找了个借口，将张魁士杀害了。

据说，张魁士得知官府要捉拿他时，曾躲到鹤林寺。当地群众得知官府要杀害张魁士，就聚集起来，一路尾追到鹤林寺。到了鹤林寺下边的义和村，大家又饥又渴，商议先吃饱饭好救人，结果迟了一步。人们非常悔恨，将义和村的街子称为误事街。

有天没日

清朝年间，凤羽出了个陈思泰，虽然有一肚子学问，但怀才不遇，一生在家务农。

当时凤羽坝子有几个乡绅与衙门里的一些官员勾结，欺压百姓，鱼肉乡里，乡民们敢怒不敢言。陈思泰很想为乡亲们出口恶气。

谷子收割后，陈思泰背了一袋谷子，从凤羽走到县衙门前的场子上晒。一晒就是好几天，出出进进的衙役们感到很奇怪，远近的孩子更是围着看稀奇。县官听见衙门外人声喧哗，连忙询问是怎么回事，衙役们回答，不知从哪里来了一个老头，在衙门前晒谷子，一晒好几天，也不知他葫芦里卖的是什么药。县官也感到奇怪，就出来问陈思泰姓甚名谁，为什么来这里晒谷子，陈思泰回答："我叫陈思泰，从凤羽来，因为凤羽有天没日，有日无光，所以只好到县衙门前晒谷子……"

县官是聪明人，一听陈思泰话中有话，就诚恳地询问原委，陈思泰照实说了凤羽情况，县官惩办了几个为非作歹的乡绅。乡亲们都竖起大拇指，称赞陈思泰为乡亲们撑了腰。

鸟在这里是贵宾

记得还是孩提时候，就听大人讲过鸟是人类大恩人的故事。说的是古时风调雨顺，五谷丰登，粮食多得吃不完。后来有一天，有个人随手用手中的饭团拿来揩小孩屁股，引起上天震怒，决定收回五谷惩罚人类。鸟不愿看到因一人做了坏事连累全人类，就一边哀鸣着"录谷之"（白语，意为"留一穗"），为人类衔来一穗谷种拯救了人类，所以鸟是不能伤害的。故事颇具神话色彩，但白族爱鸟护鸟确是真实的。新房落成，要在走廊上钉几块小木板便于燕子垒巢，并把燕子悦耳的叫声幻化为“不吃你的谷，不吃你的米，借你房子躲个雨”。人们认为燕子和人同居一个屋檐下象征着吉祥。在主房朝阳的前墙上部有意识地砌几个鸽子窝。如果有那么一天，在凤羽坝东南苍山云弄峰的清源洞峡谷建造一个百鸟园，建成云弄峰叠翠、清源洞奇幽、碧潭竞秀、鸟语花香的综合生态园，必将成为与凤羽坝西北鸟吊山交相辉映的一道亮丽景观。

有钱活没钱死

凤羽坝子来了个臭名昭著的团总，仗着他老子是府官，在凤羽为非作歹，人们敢怒不敢言。

陈思泰看在眼里，气在心头，打听得县官要来凤羽视察，陈思泰就买了许多金银纸钱，发动百姓，凡是枝叶茂盛的树木，就贴满纸钱，凡是枝叶脱落，树枝干枯的，一张也不贴。

县官来到凤羽，看到这种景象，左看右看看不懂，问当地百姓，大家都异口同声地说，只有问陈思泰才清楚。陈思泰来了，县官问这是怎么回事，陈思泰不慌不忙地说：“禀大老爷，在凤羽是有钱的活，没钱的死。”县官听他话里有话，就让陈思泰把话说明白，陈思泰禀报了团总的劣迹，百姓的冤屈。过了不久，县官找个茬把团总撤换了。

踩错了

凤羽人达观开朗，睿智幽默，热爱生活又纯朴善良。在文化大革命“四害”横行的日子里，人们常常在街头巷尾漫议国事，用凤羽人的话说叫“对瞎都操彼”（意为“碓闲杵糠秕”），好像自己是局外人。

有一天，一位老头煞有介事地问，你们说，文化大革命是什么？见大家面面相觑，他就自问自答地说：“文化大革命就是穿皮鞋与穿皮鞋斗，穿皮鞋与穿草鞋斗，穿草鞋与穿草鞋斗。”有好事者，将他的言论上报大队部。大队部的造反派头头说：“这不是公开污蔑文化大革命吗？今晚要开批斗会批斗他。”

到了晚上，这位老头被押入会场。造反派头头厉声质问：“你为什么污蔑文化大革命，该当何罪？”老头左顾右盼后慢条斯理地说：“阿呗呗，这次是老水牛打架，怎么踩空了，踏着我这只小蚂蚁子。”全场哄堂大笑，批斗会也就不了了之。

留下还有用

凤羽人非常重视对小孩的教育，并将各种启蒙教育寓于日常讲古本（故事）之中。在凤羽有一个耳熟能详的故事是这样讲的：有一个农民的父亲去世，这个农民用一床破草席裹好他父亲与儿子一起抬到坟地下葬后，农民随手将破草席扔在地上准备回家。他儿子小心翼翼地将破草席捡起来要带回家。这个农民呵斥道：“一床破草席扔掉算了，你拿回去干那样？”儿子回答：“不带回去，将来父亲走时我们用什么裹？”这农民大悟，重新礼葬了自己的父亲。

跪一腿

同样在文化大革命“阶级斗争，一抓就灵”的日子里，有好事者到区上反映有一段姓老倌菜园围墙很高，外边看不到里边，可能种了鸦片。区干部把段老倌召到区上训话。段老倌大呼冤枉。区干部骂他顽固，令其跪下向毛主席请罪。段老倌“扑通”一声跪下一只脚。区干部一怔，问他为什么只跪一只脚。段老倌笑眯眯地说道，这只脚是我跪给毛主席的，是不是把另一只脚跪给你，区干部一下子鸡嘴变成了鸭子嘴。凤羽人的诙谐幽默由此可见一斑。

大理叢書·金石篇
中国民间故事全书
云南·巍山卷
云南·祥云卷
云南·大理卷
云南·剑川卷
云南·鹤庆卷
云南·宾川卷
云南·弥渡卷
云南·漾濞卷
中国民族
大理白族
航天元勋王希季
白族的文化
在祖国首都的大理人

留住历史记忆
传承白族文化

洱海清，大理兴。作为洱海的主要源头，又是洱海水源的重要补给地，养护好凤羽的生态不仅是三万凤羽人的福祉，也是对保护高原明珠的巨大贡献。

凤羽属亚热带山地立体气候，年平均气温 13℃，最低月气温 5℃，最高月平均气温 21℃，年降水量 750 mm，常年主导为西南风。凤羽是一个典型的农业镇，总耕地面积为 33338 亩。主产水稻、小麦、蚕豆，经济作物有油菜、烤烟、啤大麦、白芸豆和大蒜。特别是凤羽菜籽油，因其清香油亮，色味纯正，已渐成品牌。

此外，凤羽小白糖、玉翠茶、杨梅酱等土特产畅销市场。凤羽砚台，也别具特色，深受游客青睐。

凤羽还是属于典型的山区半山区少数民族欠发达地区，需要在科学发展观的指导下，努力探索符合凤羽实际的发展道路。所以，科学规划、合理开发、永续利用是凤羽名镇有效保护的正确选择。

1　1. 凤羽武庙　2. 凤羽文庙（凤羽书院）
2

保护白族历史文化和民风民俗

文物是人类在历史发展过程中遗留下来的遗物、遗迹。它从不同的侧面反映了各个历史时期人类的社会关系、意识形态以及对自然的认识利用与改造的状况，是人类宝贵的不可再生的历史文化遗产。对这些历史文化遗产的有效保护管理和科学研究，对于我们认识自己的历史和创造力，揭示人类社会发展的客观规律，促进当代和未来社会的发展，具有重要的意义。

凤羽物华天宝、人杰地灵。从秦汉在大理地区设立郡县到南诏国、大长和国、大天兴国、大义宁国、大理国时期，凤羽与南诏国、大长和国、大天兴国、大义宁国、大理国国都羊苴咩城（又称阳苴咩城遗址，在苍山中和峰麓）隔苍山相邻，设郡立县。悠久的历史和源远流长的白族传统文化和与周边民族的密切交往，使凤羽成了一个文物富集区。现存的主要名胜古迹有元代的火葬墓群、帝释山寺观群、后晋天福元年（936）建的镇蝗塔等县级文物保护单位，并有镇水塔、留佛双塔、诸宝塔、镇风塔等六座古塔和十一座古庙，另有保存完好的石板古驿道，白族民居，尤其是女性生殖器的崇拜，位置与白族本主庙、灵鹫寺正好在一条中轴线上。这些文物都具有很高的民族学、建筑学、美学、艺术和历史文化价值，同时具有很高的学术研究价值。加之独具特色的白墙青瓦、鳞次栉比的白族民居掩映在绿树鲜花之中，与山水田园融为一体，使凤羽成为茶马古道上的世外桃源。

此外，自然景观择其大者有鸟吊山、清源洞、仙人室、猿梯瀑、青龙潭、天了洞、白王洗马塘、白王营盘、观音脚、罗坪十六峰、八仙舞坪、量羊山斛等，可谓山水有故事，随处皆佳境，可资开发的景点景区很多。

当今世界，各国都非常注重对自己民族文化的保护。因

1 2

1~2.木刻二十四孝

为就像生物的多样性是自然得以存在和发展的基础，文化的多样性同样是人类社会得以存在和发展的基础。面对世界范围各种思想文化的相互激荡，民族文化的保护显得日益重要和珍贵。保护好这些不可再生的历史文化遗产，使之服务于当代，传承于永远，是历史赋予我们义不容辞的职责。但毋庸讳言，在全球经济一体化的大背景下，强势经济挟带着外来的强势文化，对少数民族文化构成巨大的冲击和挑战，若不注重保护，许多不可再生的少数民族民风民俗将有消失的危险。如何探索出一条将文化资源转化为经济资源，保护与开发并举，社会效益与经济效益俱佳的途径，应该成为凤羽名镇保护的出发点和归宿。

保护中继承，继承中发展

当今世界，文化与经济和政治相互交融，在综合国力竞争中的地位和作用越来越突出。文化的力量，深深熔铸在民族的生命力、创造力和凝聚力之中。一个民族，没有振奋的精神和高尚的品格，不可能自立于世界民族之林。

凤羽迄今依然比较完整地保留了白族文化形态，有效地保护，可以使凤羽所蕴藏的人文历史，自然生态，白族风情的内涵在凤羽经济、社会发展中发挥重要的作用。

1998年底，中共大理白族自治州委，大理白族自治州人民政府基于本州的历史和现实条件，提出了建设民族文化大州的构想。中共云南省委，云南省人民政府为大理确立了“建成滇西经济中心，中国连接南亚、东南亚国际大通道的滇西交通枢纽，中国一流、世界知名的旅游胜地，全国两个文明建设搞得最好的民族自治州之一”和“滇西经济社会发展排头兵”的宏伟目标。中共大理白族自治州委六届六次全委会，以贯彻落实科学发展观为指导，审时度势，将洱源县确定为“生态文明试点县”，提出加快推进旅游二次创业，建设二大旅游圈的构想。同时启动了苍山大索道建设，大丽铁路即将建成，大丽高速公路建设正加快实现。所有这些，为凤羽的开发提供了千载难逢的发展机遇。在全面推进大理经济发展和社会进步的进程中，凤羽只要充分发挥其特有的优势，就完全可以有望形成大理地区“人无我有，人有我特，人特我优”的民族文化旅游品牌之一。

开发资源优势，促进扶贫发展

凤羽虽然物产富饶，资源丰富，但由于近现代交通路线的变迁，境内没有交通干线经过，形成偏处一隅；加之人口密度为 167 人 / 平方公里，全镇缺乏可作为支柱的乡镇企业，人们主要还是停留在日出而作，日入而息的传统农耕文明。农民人均纯收入 1481 元，生活还相对贫困。遇有天灾、疾病或子女上学，家庭生活就更加艰难。但也正因为经济发展迟缓而侥幸地避免了盲目开发和趋同化的建设性破坏，因而自然生态和文化生态相对得到较好的保存。蔚蓝的天空，洁净的空气，清澈的溪流，浓郁的白族风情是凤羽得天独厚的资源。名镇保护项目的实施，能比较集中地展示凤羽的自然生态和文化生态，特别是民族民间文化环境，让旅游者用较短的时间和行程，最大限度地感受凤羽山水神韵、文物精华、白族风情，感悟农耕文明，体验农家生活情趣。达到既可保护自然生态，又帮助当地白族和其他民族脱贫致富的目的。

白族村落

1
2
1~2. 遍布各村的演出队自娱自乐

凤羽镇镇政府会议室

调整产业结构，保护高原明珠洱海

被誉为“鱼米之乡”的凤羽，古往今来，一直经营着传统农业，人们过着春播夏插、秋收冬藏的农耕生活。主要粮食作物有小麦和水稻，由于过去基本上使用农家肥，对环境影响较小，田野里随处可见沟渠里嬉戏的鱼虾，掬手可饮的溪流。今天，为了解决人口增加与耕地减少的矛盾，人们大量使用化肥、农药，对环境的影响是显而易见的，同时也直接影响到流入洱海的水质。因此通过调整产业结构，尽量减少水浇地，减少化肥和农药的使用量，这样可有效减少对洱海的水源污染，又不影响当地群众的生产生活，实现双赢。

这里是独具一格的人文景观和自然景观富集区

云南东部是亚洲大陆，处在汉文化的西部边缘；西边是亚洲次大陆，处在印度文化边缘；北界西北高原，处于青藏文化的南部边缘；南连中南半岛，处于海洋文化的北部边缘。根据学者们研究，先于西北丝绸之路二百多年，在祖国西南也有一条重要的“丝绸之路”，即“蜀身毒道”。同时，还有经大理、达西藏、抵四川的一条贯通滇川藏三省区直到南亚、东南亚的“茶马古道”。凤羽在“茶马古道”中具有上连剑川、丽江、中甸直到西藏，下通云龙、保山、腾冲直至缅甸密支那这条线路的重要驿站作用，从而成了“茶马古道”的一段必经之地。自古以来是白、汉、藏、彝、纳西、傣等各民族的文化交流以及与缅甸邻邦的友好往来的走廊，在构成兼收并蓄的开放性白族文化形态方面有一定的典型性和代表性。此外，大理六个国家级文物保护单位中的五个（崇圣寺三塔、石钟山石窟、太和城遗址和南诏德化碑、元世祖平云南碑、喜洲白族民居建筑群）就分

布在紧靠凤羽的西北和东南。大理国家级风景名胜区中包含的五大景区有三个（苍山洱海风景区、石宝山风景区、茈碧湖风景区）也在这一区域。

凤羽东与大理相连，西和炼铁西山接壤，这里正好处在白族政治、经济、文化相对发达的大理地区和白族政治、经济、文化相对滞后的洱源西山、云龙的结合部，历史上的“茶马古道”又有着从大理经凤羽进入云龙、剑川的线路，云龙盐井的盐又经凤羽运到大理后转供滇西直至南亚。在凤羽，既可以看到白族文化的开放与包容，又可以领略到白族文化古老的神韵。这种文化现象，通过凤羽多元的宗教信仰、本主崇拜和民风民俗得到了完美的再现。

2
3
1

1. 梨花开了
2. 雕花格子门
3. 驮马

保存完好的白族优秀传统文化和蕴藏深厚的民风民俗

各民族在自己历史发展的过程中，都会形成各具特色的民风民俗，这种民风民俗通常以习俗、节庆、集市为载体，一旦形成，具有群众性、继承性、稳定性的特点。居住在凤羽的白族，同样形成了较大规模和悠久历史的火把节、闹春王正月、田家乐、白族秋千会、清源洞会、黑龙王会、栽秧会、尹尹悟、唱白族调、吹吹腔等异彩纷呈的民风民俗。

改革开放三十多年来，群众生活得到极大改善。富裕起来的广大群众渴望丰富多彩的文化生活，这为白族民间文化的复兴提供了坚实的群众基础，仅上寺村委会就有群众自发组织的文艺表演队三十多个。群众通过各种各样的自娱自乐，达到和睦邻里，释放情感，共建和谐社会的目的。

凤羽坝形似银盘，号称十八村的村寨沿四山分布，只有江登和白米坐落在坝子中间，就像坝子的两只眼睛。这里阡陌纵横，河网如织，田地肥沃，只要没有大的自然灾害，水旱无忧。自古及今，凤羽流传着“天下大乱，此地无忧；天下大灾，此地半收”的民谣。

凤羽名镇保护只要规划实施好，就能为游客提供回归自然，体验白族文化的理想去处，实现行、游、住、食、购、娱兼顾的最佳结合，市场前景是十分广阔的。

凤羽作为白族优秀传统文化的富集地，随处可以感悟到白族文化的开放与包容。

1. 休闲的老人
2. 水碓

名镇保护项目的初步构想

鸟吊山景区

闻名遐迩的鸟吊山位于凤羽西边的罗坪山上，历代史书反复记载。《后汉书·郡国志》北魏郦道元在《水经注》、《崇祯重修邓川州志》、《浪穹县略》都有记载。据传每当雨雾笼罩，燃起篝火，雾中便呈现出七彩云霞，众鸟以为凤凰降临，纷纷前来朝贺。根据现代科学研究，百鸟朝凤之说纯属白族人民创造的民间传说，鸟吊山是候鸟迁徙的必经路线。

罗坪山是凤羽西部屏障，发源于剑川老君山，为苍山过脉。全山共有16峰，群山松涛汹涌，涧内翠竹蔽天，古洞幽深，山泉竞秀。白云下的高山草甸，悠闲的牛羊吃着青草；罗坪山国有林场遮天蔽日的松林里，松鼠在自由自在地跳跃；山脊罗坪山风电厂的风叶正迎风旋转，向它怀抱里的凤羽坝送去阵阵现代信息。罗坪山中峰为高崇峰，势如泰岱，层峦叠翠，霞蒸云蔚，有人文振起之象，先人建云峰庵于此峰之下。

罗坪山（含鸟吊山）作为同一景区，统一规划，综合开发，并尽快申报为国家自然保护区。游客在这一景区可以充分领略到高山巍峨、林涛汹涌的无穷乐趣；享受到天然氧吧、洁净泉水的大自然馈赠，是康体休闲的理想去处。

清源洞景区

清源洞位于凤羽天马山南，苍山十九峰云弄峰北麓。清源洞往南经水长箐可达花甸坝，随着苍山大索道的建设，自然形成旅游环线。在苍山云弄峰下行清源洞长箐，可建百鸟生态园，形成云弄峰叠翠，清源洞奇幽，碧滞竞秀，

清源河边羊群

鸟语花香的综合生态园，必将成为与凤羽坝西北鸟吊山交相辉映的一道亮丽景观。

离清源洞不远处有鹤林寺，坐落在凤羽坝南端形似白鹤的鹤林山上，是凤羽重要古寺之一。

大理湖光山色皆有，景点众多，但像清源洞这样的大溶洞至今尚未开发。清源洞景区的开发，不仅填补州内空白，而且与苍山、地热国连成一片，非常符合大理白族自治州提出创建康体、休闲、度假游的发展思路。

“以子杲”景区

珍爱生命是人类的共同追求，进而出现的对女性生殖器的崇拜，在许多地方都有。但像凤羽起凤（又名包大邑）村背后，形似女阴的天然石缝，白语叫“召嬷杲”，（意为“崖母阴”）却不多见。有趣的是，与“召嬷杲”在一起的还有本主庙和灵鹫寺，它无言地向人们诠释着白族是怎样从自然崇拜，向民族宗教，乃至吸纳外来宗教演进的。在白语中，以母为尊的现象俯拾皆是。这种对女性生殖器崇拜的现象，据学者们考证，在白族其他地区也存在。这是白族对生命的渴望和尊重妇女的历史见证。如果由此建成“以子见”景区，肯定是很有意义的。

凤翔白族民居景区

流连在凤羽的村头巷陌，观赏着白墙青瓦、雕梁画栋的白族民居；徜徉于丝丝垂柳、花香袭人的田间河堤，犹如置身于美轮美奂的山水画卷。在凤翔村内，迄今仍保存有明清两代的14座宅院。

镇内一条南北向的横街贯穿着东西向的五条青石铺就的街巷，其中官路充上分布的旗杆石座、上马石等遗迹，让人自然而然回忆起它辉煌的过去。街面上随处可见的飞檐斗拱，精雕细刻的白族门楼，半边石座半边是门的店铺，以及店铺背后一院院“三坊一照壁”、“四合五天井”、“一进两院”、“走马转角楼”，说明这里当年买卖的兴隆和商业的繁荣。尤其是题写、镌刻在各家门楼照壁上的大字，更让人对凤羽人深厚的文化底蕴刮目相看。

1 2

1. 凤羽古街道之一
2. 门楼

帝释山白族宗教文化区

帝释山寺观群坐落在罗坪山麓，凤翔村西。始建于元代，明代、清代曾两次重修，民国十三年（1924）又维修，是凤羽规模宏大的寺观群落。规划建设好帝释山白族宗教文化区，必然对传承白族优秀文化起到积极的作用，同时也为凤羽旅游增加文化内涵，实现双赢。

凤羽可供开发的景点、景区还很多，在此就不一一列举了。以各景区为载体，还要相得益彰地开发白族民俗活动、风味饮食、康体休闲、田园体验等项目。

名镇保护项目的建议

首先要科学规划，避免建设性破坏，正确处理好保护与开发之间的矛盾。如凤羽文庙前的信用社大楼，完全可以在新区安排，既开发了新区，又保护了古镇文化；又如水泥路取代石板路，在石板路上造一座文化品位不高的牌坊等都可视为建设性破坏。尤其是由于缺乏统一规划，严格管理，许多发达地区出现的随心所欲的新式建筑、空心村、挤占公共设施的现象在凤羽也已出现。若不未雨绸缪，就会给将来恢复重建带来许多困难。

其次要大力加强基础设施建设，营建通达便捷的旅游环境。要结合大理白族自治州旅游二次创业和苍山大索道建设启动的有利时机，尽快将洱花公路（洱源到花甸坝）立项并组织实施，这对于苍山的生态保护，花甸坝和凤羽的旅游开发都至关重要。同时力争以邓长公路（邓川至长新）为轴，申报"山区民族自然文化生态保护及整体脱贫示范区"，这样，东连214国道（大丽高速公路）穿越平甸公路，

1
2

1. 牧牛图
2. 牧羊图

西接黄金公路，可将洱源邓川、右所、凤羽、炼铁、乔后与云龙长新、白石连成一片。向北可辐射剑川沙溪、象图、弥沙，向南可影响漾濞麦地、富恒。这样可深度开发沿线丰富的自然资源和人文资源，让居住在这一区域的数十万群众得到实实在在的好处，有助于四县山区少数民族整体脱贫。若能付诸实施，不仅对发展凤羽有利，对大理白族自治州的发展也将是举足轻重的战略决策。此外，县乡道路油路化，乡村道路弹石化，重要景点景区配备旅游厕所，提供满足不同游客需求的食宿条件，绿化美化等都是对外开放必备的基本条件。

再次要下大力气营造以人为本的旅游软环境。旅游被称

1 2 3 4

1. 竹编
2. 刺绣（凤凰帽）
3. 刺绣（背包）
4. 雕刻

为方兴未艾的朝阳产业，越来越受到重视，由此也吸引了商业资本和市场进入旅游行业。唯利是图的资本属性使一些地区的旅游充斥着欺诈和陷阱，让游客提心吊胆。凤羽既然号称“世外桃源”，就要继承弘扬优秀传统文化的精华，大力营造诚信、友善、热情好客的浓郁氛围，让游客有宾至如归之感。

第四要尊重人才，重视发挥人才的作用。科学家、专家学者是人才，蕴藏在民间的能工巧匠、民族民间文化传承人也是人才。以霸王鞭为例，凤羽的霸王鞭既有凤羽白族的群众性、健身性的特点，又有竞技性、挑战性的特点，

随着唢呐节奏的不断加快，那些节奏跟不上的就逐渐被淘汰，最后只剩下“霸王鞭王”将霸王鞭打得眼花缭乱，既具有观赏性，又非常刺激，这对旅游者来说是不可多得的能够参与的好节目。又如“秋千”、“耍鹤舞”、“田家乐”都需要不可替代的民间文化传承人引领。凤羽的群众文化基础很好，关键是要引导和提升。

最后要千方百计筹措建设资金。工欲善其事，必先利其器。项目再好，没有资金也是水中月、镜中花。但在吸引资金时也要注意尽量减少商业资本的负面影响，避免一些地区饮鸩止渴的惨痛教训。

附一 地图

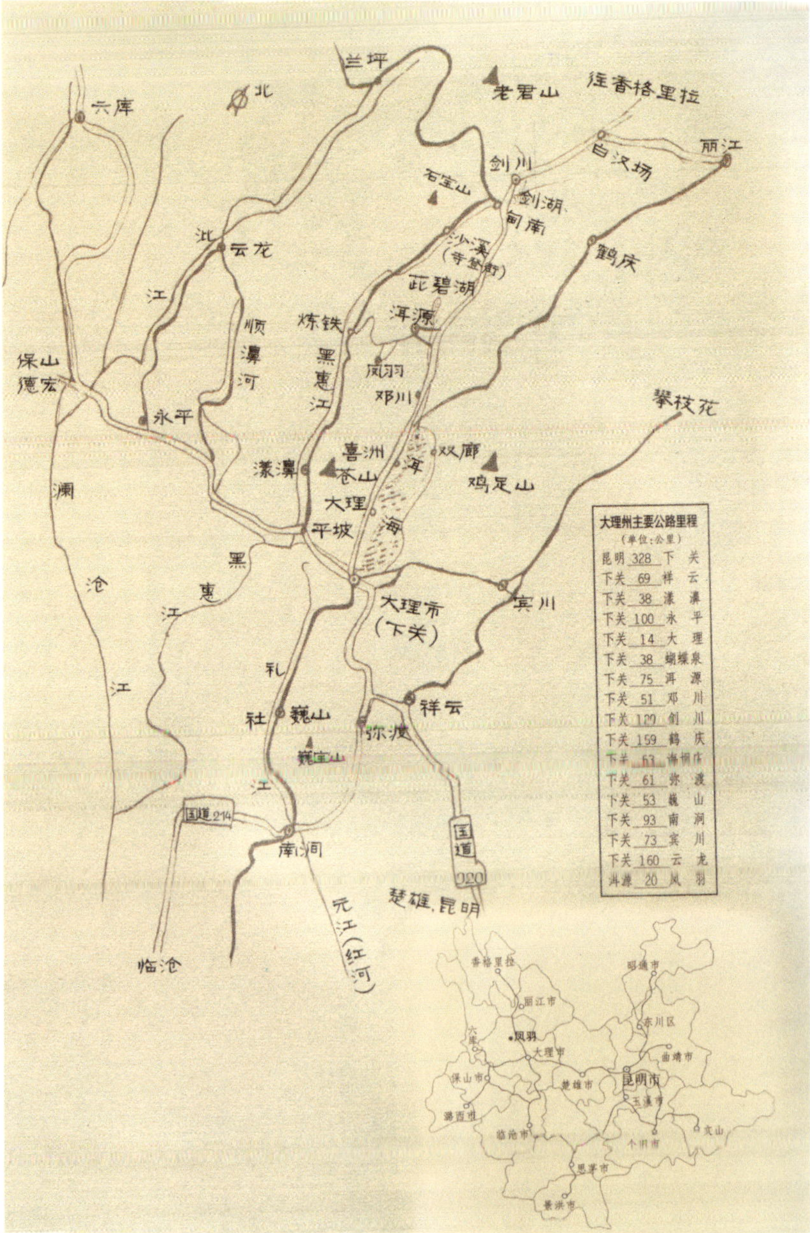

大理白族自治州示意图（右下为云南省图）

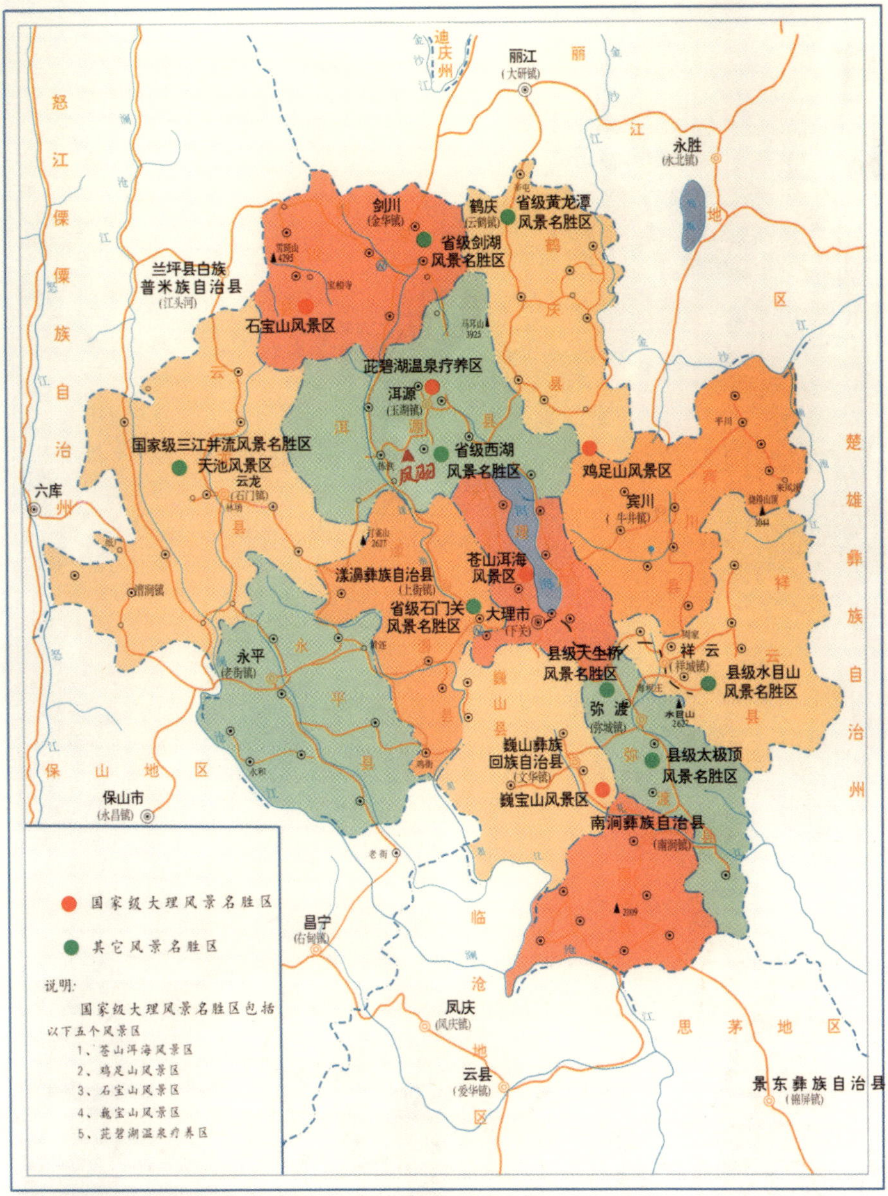

大理白族自治州风景名胜区分布图

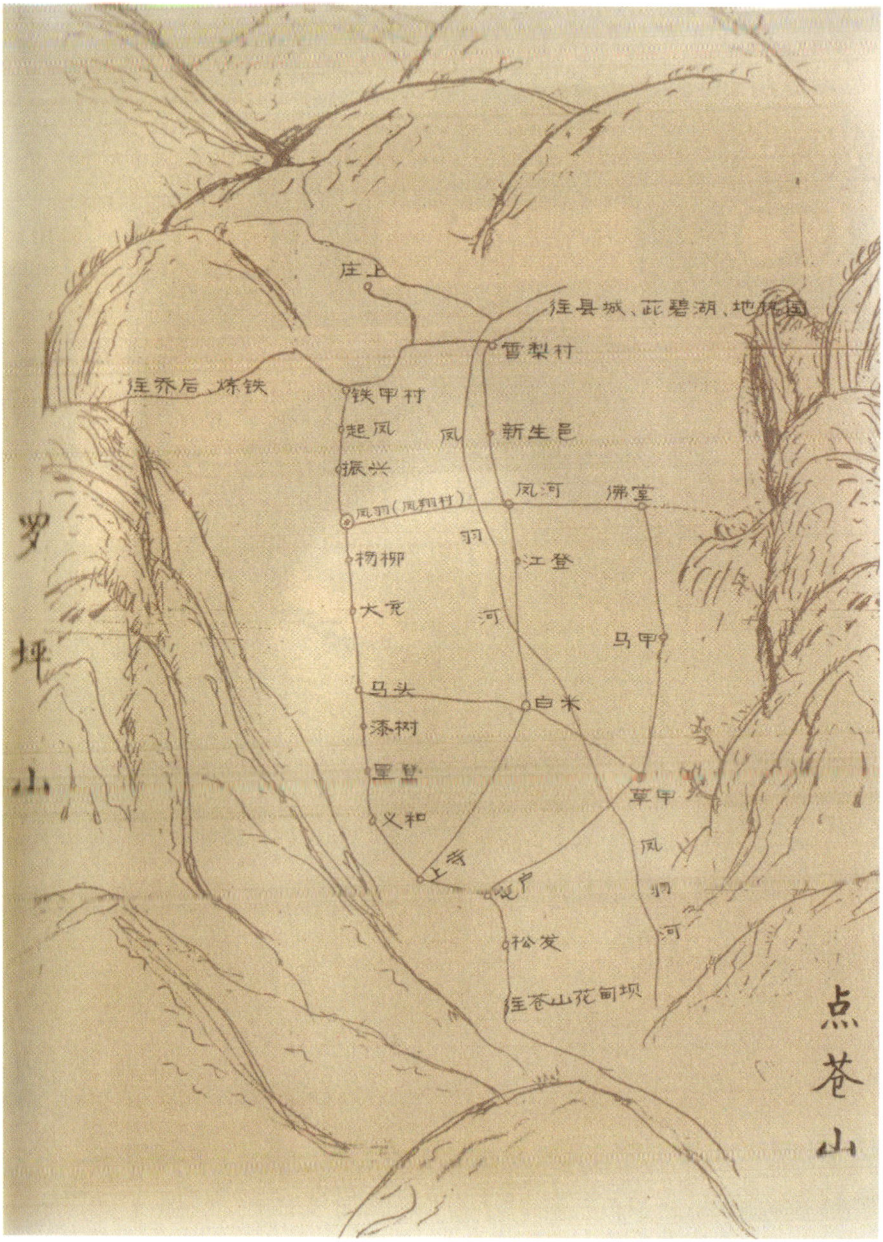
庄上
往县城、茈碧湖
雪梨村
往乔后、炼铁
铁甲村
起凤
新生邑
振兴
凤羽（凤翔村）
凤河
佛堂
罗坪山
杨柳
江登
大充
马甲
马头
白米
漆树
义和
草甲
上寺
凤羽河
松发
往苍山花甸坝
点苍山

凤羽村寨略图

凤翔村公所　在凤羽乡中西部乡人民政府驻地。相传一只五彩缤纷的凤凰飞过上空，在此飞翔后，又飞向后面的鸟吊山，遇风雪后冻死，故名。耕地6227亩，辖5个村，1313户，6567人，均白族。包括官路、中和、石充、太和、元寺五个充（村）。

中和村　在凤羽街中部，村公所、乡人民政府驻地，海拔2210米。白语叫“气板凳”，浸水多的一块地方之意。中和充因地处罗坪山中和峰下而得名。410户，1957人，均白族。

石充　在本村公所北部。因村子是在石头堆上开辟建起来，原名“早处”，白语，“早”即石头，“处”即巷，义即石头巷，后译写为石充。136户，692人，均白族。

官路充　本村公所北部。白语叫“岛刮滔”，意即大官路。明代，凤羽的土巡检尹忠住在这里，故名。303户，1556人，均白族。

太和充　在本村公所南部。白语叫“弯板处”，即正街转弯向南的一条横街。后村头建了太和宫，又取名太和充。279户，1398人，均白族。

元寺充　在本村公所南部。因历史上村中建过端元寺，故名。185户，946人，均白族。

上寺村公所　在凤羽乡东南5公里处。村公所原驻上寺村，以驻地得名。现驻地在义和。耕地4852亩，辖8个村，422户，2523人，除松发村是汉族外，其余均是白族。

义和　村公所驻地，海拔2210米。原名“闪老哦”，白语，“闪”即山，“老”即浪，“哦”即河。相传，包大邑村有一义士名张魁士，因常揭露官僚的贪赃枉法，而被通缉。他逃到本地的鹤林寺后被抓，村民仗义去营救，以求和息此事而不果，遂更名为义和。100户，579人，均白族。

上寺　在本村公所东南部，明洪武年间，凤羽南山建了鹤林寺，村人常上寺中烧香拜佛，故名。65户，401人，均白族。

星登　片村，在本村公所西北，白语叫“歇登”，以神话传说得名。相传，南诏王的小女儿被赶出宫廷后，骑水牛路经此地，水牛撒了一泡尿，小女儿掩着鼻子说“歇得、歇得”，腥臭之意，从此得名“腥登”，后改为“星登”。包括旧邑、上登、南充3村。119户，695人，均白族。

旧邑　在本村公所西北部。因星登村人口增多，发展为3个村，此村住原地，称旧邑，44户，273人，均白族。

南充　在村公所西北部。因地处星登片村之南，故名。38户，223人，均白族。

上登　在本村公所西北部。地处星登等片村的上部，故名。37户，199人，均白族。

松发　在本村公所东南部。原名“大松坪”，新中国成立前为上寺村公产田的佃户，

1953年民主建政时，以大松坪兴旺发达之意更现名。27户，152人，汉族。

屯户　在本村公所东部。传说，明代官商见新竹木开埠了洞银矿，招了外籍矿工，屯居于此，故名。57户，350人，均白族。

大涧口　在本村公所西南部，地处罗坪山大涧峰下，涧水流经村左，村居涧口，故名。52户，344人，均白族。现已异地搬迁至义和村旁。

源胜村公所　在凤羽乡南1.5公里处。原是清源乡（以清源洞得名）的一部分，1952年，以清源人民取得土地改革胜利之意命名。耕地3800亩，辖5个村，487户，2800人，均白族。

大充　村公所驻地，海拔2190米。杨柳、大充、马头3村，总称上波罗。此村是三村中的最大一村，故名。132户，729人，均白族。

杨柳村　在本村公所北部。历史上当地有很多大柳树，故名。132户，755人，均白族。

马头　在本村公所南部。据传，原来大充、杨柳、马头3村合称上波罗，三村位置上，横卧一大岩石，从北向南伸，似一只虎，此村建在虎头部，故名虎头，后误为马头。118户，708人，均白族。

上漆树　在本村公所南部，白语原叫“气保”，“气”即水多地浸，“保”即旁边，即在泉水浸地边上居住。后因村在罗坪山漆园峰之下，取名漆树。分两村，此村在上，故名。45户，256人，均白族。

下漆树　在本村公所南部。来历与上同，此村在下，故名。60户，352人，均白族。

白米村公所　在凤羽乡东南3公里处。因驻地在白米庄而得名。耕地3420亩，辖3个村，414户，2360人，均白族。

白米庄　村公所驻地，海拔2156米。《浪穹县志》记载“昔名白王庄”，明清时为官田，后为赵姓大族庄田，主要栽培小白谷，故名。238户，1305人，均白族。

马甲　在本村公所东北部。相传这里是古代战争的后勤基地，饲养过战马，故名。136户，818人，均白族。

草甲　在本村公所东部。相传历史上这里是战争的后勤基地，储存过草料、铠甲，故名。40户，237人，均白族。

江登村公所　在凤羽乡东部，以驻地江登村命名。耕地1771亩，辖2个村，240户，1288人，均白族。

江登　村公所驻地。海拔3130米。白语叫“谷登”，“谷”是江、河的统称，“登”

是一块地方之意。因村子在凤羽河与三爷河之间，故名。173 户，920 人，均白族。

佛堂　在本村公所东部。历史上这里是凤羽湖东岸的出入港口。相传因观音大士在此登船，南驶鹤林山，此后家家户户供观音大士于中堂，故名。67 户，368 人，均白族。

振兴村公所　在凤羽乡北 1.5 公里处。清末以振兴家业之意取名。耕地 1938 亩，3 个村，261 户，1455 人，白族聚居。

北庄　村公所驻地，海拔 2190 米。相传该村历史上是租种官庄田，地处凤羽街之北，故名。225 户，1220 人，均白族。

大宝　在本村公所东北。相传祖宗是从包大邑上坝迁在大鹅山脚温泉旁定居，这里是块宝地，故名。33 户，均白族。

目阳邑　在本村公所南部，是凤羽坝子古老的村庄之一。相传，很早以前村子很大，建筑也很整齐，有横巷四，直巷二，成“目”字形，另村居江左为阳，故得此名。嘉庆年间发大水，房屋冲毁，村民除 3 户外全部迁走，村名沿用。3 户，18 人，均白族。

凤河村公所　在凤羽乡东北 3.5 公里处。因地处凤羽河东岩而得名。耕地 3507 亩，辖 4 个村，464 户，2762 人，均白族。

大村　村公所驻地，海拔 2135 米。原名大新生邑，相传凤羽古代是一个湖泊，湖水泄后，新建一个村子，故名。新中国成立后简称大村。172 户，991 人，均白族。

小村　在本村公所中部，原名小新生邑。相传凤羽古代是一个湖泊，湖水泄后，新建一个村子，故名。新中国成立后简称小村。59 户，361 人，白族。

正生村　在本村公所北部。原名新生旁，开通了凤羽河后的新村，故名。合作化中改名正生，是正在兴旺、得到新生之意。116 户，639 人，白、汉族相居。

雪梨　在本村公所北部。相传古代村北有园雪梨树，故名雪梨场。嘉庆年间果园被水冲沙埋成为大坝，村名沿用。117 户，771 人，均白族。

起凤村公所　在凤羽乡北 3.6 公里处。相传古时有一对凤凰由此起飞，故名。耕地 4378 亩，2 个村，506 户，2801 人，均白族。

包大邑　村公所驻地，海拔 2190 米。原名波浪邑，相传凤羽原有一个湖泊，该村正好在胡的北岸，波浪很大，故名。清代更名为波大邑，清末又以村被小山包环绕，又是凤羽地区较古老的大村之一，故更此名。382 户，2066 人，均白族。

铁甲　在本村公所东北部。相传古代村上开过铁矿，后约有 20 余户工人落籍，自成一甲，故名。124 户，735 人，均白族。

庄上村公所　在凤羽乡西北6公里处，以驻地上片村命名。耕地4093亩，辖11个村，494户，3120人，均白族。

大村　属庄上片村，村公所驻地，海拔2075米。是庄上片村中最大的一村，故名。118户，691人，均白族。

庄上　片村，在凤羽乡西北部。相传村下过去是白王的疗养地，称白王庄，村在上，故名。包括大村、小庄、金河、银河、花坪5村。257户，1551人，均白族。

小庄　在本村公所南部。是庄上片村中最小的村，故名。23户，127人，均白族。

银河　在本村公所南部。因位于罗坪山银河峰下而得名。清代进士赵辉曾写下了“碧落悬河色胜银，遥从百里见天绅”的诗句。39户，255人，均白族。

金河　在本村公所南部。相传村旁有一山溪水，水中出过金子，故名。42户，249人，均白族。

花坪　在本村公所东南部。传说这里过去是白王花园，春、夏、秋、冬都有花开，故名花坪。35户，229人，均白族。

兰林　片村，在本村公所北部。古代当地林木葱茂，山脚生长着各种兰草，故名。包括小羊、大羊、新充、领背、石充、营头登村。237户，1569人，均白族。

小羊　在本村公所北部。相传，过去白王的羊子，满山遍野，清进士赵辉璧作诗曰：“牛马曾闻用谷量，山间就是白王庄。”此地是接生羊羔的地方，故名。33户，207人，均白族。

大羊　在本村公所北部。相传过去这里是白王设大羊围子的地方，故名。33户，207人，均白族。

新充　在本村公所北部。清顺治年间，茈碧官营村李姓，迁来部分人新建村，故名。36户，226人，均白族。

岭背　在本村公所东北部。村前有一山包，村居其后，故名岭背。33户，204人，均白族。

石充　在本乡公所北部。因住地多巨石而得名。50户，312人，均白族。

营头　在本村公所西北部。地处兰林片村各村的最上边，故名。54户，410人，均白族。

摘自1988年8月洱源县人民政府编《洱源县地名志》

乡镇	村寨名称	本主称谓	节日
凤羽乡	义和上寺屯户	大黑天神弘道圣帝阁止阿	六月二十六日
	大充、白米、漆树、星登、杨柳、马头、元士	能济乾坤爱民景帝张保君	七月二十五日
	大涧	大龙天子金梁景帝	八月二十三日
	草甲、白米东村	东山天子骑龙景帝（三龙太子）	八月初一日
		玄恩谷丰 90 明德景帝赵善政	三月十五日
	江登、马甲、佛堂	道佛仁天护惠民皇帝谢文耀	七月初七日
	新生邑	神冀宣功西天景帝	八月十五日
	新生旁	灵佑邦家高聪皇帝李文景	八月初一日
	包大邑（起凤）	灵佑邦家高聪皇帝	八月初一日
	雪梨	镇定坤元保印皇帝赵德芳	七月初五日
	凤翔（舍上盘）	大圣威定四时惠国佑民景帝	七月二十三日
	北庄	三龙天子显佑皇帝卫道大臣李文进	八月初一日
	庄上	西天正气隐显化护国先师佑民大帝段恩平	八月十五日
	兰林	西天得道隐显应化护国先师佑民大帝	八月十五日
	铁甲	大圣灵威德道龙王佑民大帝	八月十五日

后记

2011年，我出席了中国民间文艺家协会第八次全国代表大会。会后，基于大理白族自治州白族文化研究所与中国民间文艺家协会、知识产权出版社在《中国民间文化遗产抢救工程——中国民间故事全书》大理12分卷的成功合作，知识产权出版社王润贵副总编、孙昕同志与我协商，希望大理在正在实施的《中国民间文化遗产抢救工程——中国历史文化名城·名镇·名村全书》项目中，能再度合作。我觉得这是一件功在当代、泽被子孙的好事，就欣然应诺为项目的实施作出自己的努力。返回大理后我便积极向大理白族自治州人民政府汇报并与相关文化部门协商，争取付诸实施。同时承诺首先完成《中国名镇·云南凤羽镇》，作为大理白族自治州其余各卷的示范卷。为此，我在较短的时间内，着手《中国名镇·云南凤羽镇》的撰稿并组织相关图片。期间，施立卓先生提供了《凤羽志初稿》(1982年凤羽公社文化站编)，杨义龙先生提供了张魁士、陈思泰的传说故事，为本书的文字撰写提供了宝贵资料。尹明举先生、施作模先生、寸云激先生送上珍藏多年的照片，杨伟林先生、张云霞同志在凤羽镇镇政府的协助下，专程到凤羽拍摄了许多精美照片。何光云老师提供了英文翻译。在统稿中王伟做了大量工作。尚榆民同志主编的《大理风景名胜大全》也为本书提供了珍贵资料。正是得益于诸位先生的无私帮助，才使《中国名镇·云南凤羽镇》在较短时间内付印出版。

需要说明的是，中共大理白族自治州州委、州人民政府一贯大力支持弘扬白族文化，洪云龙副州长、大理白族自治州白学会赵济舟会长对项目的启动给予了实实在在的支持，大理白族自治州文化局、文联表示要积极配合和支持项目的顺利推进，极大地增强了我编撰好示范卷的信心。加之中国民间文艺家协会领导和知识产权出版社王润贵副总编、孙昕同志的全力支持，才有装帧精美的《中国名镇·云南凤羽镇》与广大读者见面，在此一并诚挚感谢！

历史因时间而悠久，文化靠积淀才厚重。今天，人类虽然已进入网络信息时代，各种传媒异彩纷呈，但文字所特有的功能是无法替代的。有鉴于此，笔者力图使这本小册子能将知识性、资料性、趣味性有机地结合起来，让凤羽人看了更将珍爱自己的家乡，增强建设自己美好家园的责任感和使命感；外地人看了向往这里迄今还存在的“世外桃源”，让自己和家人找到回归自然的理想去处。然而，由于笔者水平所限，加之成书仓促，这一美好的愿望未必能够达到，期盼有识之士不吝赐教。

尤其难能可贵的是，张文勋教授以如椽之笔，拨冗为本书作序，更让本书增辉添彩。

赵寅松

2011 年 11 月于昆明

责任编辑：孙　昕　　　　**责任出版**：卢运霞

装帧设计：北京领雅风文化传媒有限责任公司

图书在版编目（CIP）数据

中国名镇·云南凤羽镇 / 罗杨总主编 . — 北京：知识产权出版社，2012.6

（中国历史文化名城·名镇·名村全书）

ISBN 978-7-5130-1364-2

Ⅰ . ①中… Ⅱ . ①罗… Ⅲ . ①乡镇－概况－洱源县 Ⅳ . ① K928.5

中国版本图书馆 CIP 数据核字 (2012) 第 118612 号

中国历史文化名城·名镇·名村全书

中国名镇·云南凤羽镇

ZHONGGUO LISHIWENHUA MINGCHENG MINGZHEN MINGCUN QUANSHU

ZHONGGUO MINGZHEN YUNNAN FENGYUZHEN

中国民间文艺家协会　组织编写

总主编　罗　杨

撰稿人　赵寅松

出版发行：知识产权出版社

社　　址：北京市海淀区马甸南村 1 号　　**邮　　编**：100088

网　　址：http://www.ipph.cn　　**邮　　箱**：bjb@cnipr.com

发行电话：010-82000860 转 8101/8102　　**传　　真**：010-82005070/82000893

责编电话：010-82000889 82000860 转 8111　　**责编邮箱**：sunxin@cnipr.com

印　　刷：天津市银博印刷技术发展有限公司　　**经　　销**：新华书店及相关销售网点

开　　本：787mm × 1092mm　1 / 16　　**印　　张**：13.5

版　　次：2012 年 8 月第 1 版　　**印　　次**：2012 年 8 月第 1 次印刷

字　　数：120 千字　　**定　　价**：80.00 元

ISBN 978-7-5130-1364-2/K · 128（4242）